Platon

Hippias minor + Hippias maior

e-artnow 2018

Marcus Tullius Cicero
Vom Redner

Marcus Tullius Cicero
Die Ethik: Gesammelte Schriften (Vom höchsten Gut und vom größten Übel
+ Von den Pflichten + Cato oder Von dem Greisenalter + Lälius oder von der
Freundschaft)

Aristoteles
Metaphysik

Platon
Menon - Über die Tugend

Platon
Phaidros oder Vom Schönen

Platon

Hippias minor + Hippias maior

Dialoge über Moralvorstellungen, Lügen und Definition des "Schönen"

Übersetzer: Friedrich Daniel Ernst Schleiermacher

e-artnow, 2018
ISBN 978-80-273-1044-9

Inhaltsverzeichnis

Hippias minor

Einleitung

Große Ähnlichkeit hat dies Gespräch mit dem »Ion« sowohl an sich in der ganzen Anlage, wie die Vergleichung einen Jeden lehren muß, als auch in Absicht auf die Zweideutigkeit seines Platonischen Ursprunges. Denn auch hier findet sich nicht nur neben vielem ächt Platonischen so viel Verdächtiges, daß leicht eines dem andern möchte die Waage halten; sondern auch der besonderen Beschaffenheit nach sieht beides dem in jenem Gespräche so gleich, daß dieselbe Ansicht welche das eine verwirft oder annimmt auch dem anderen das gleiche Urteil zuziehen muß.

Was nämlich zuerst den Inhalt betrifft und das Wesentliche der Form: so ist beides der übrigen bisher vorgelegten Werke des Platon nicht nur würdig, sondern auch mit ihnen in guter Übereinstimmung. Die beiden Sätze, welche zunächst ausgeführt werden, daß zuerst der Wahrhafte und der Falsche in jeder Sache immer Einer und derselbe sind, nämlich der Sachverständige, und dann der, den ich auch an sich keinesweges, wie Herr Ast tut, für unsokratisch halten kann, daß nämlich der vorsätzlich fehlende in allen Dingen besser ist als der unvorsätzlich und ohne sein Wissen fehlende; diese sind aus dem einzelnen homerischen Falle auf eine solche Art herbeigeführt, und die ganze Behandlung so offenbar dazu eingerichtet, auf den Unterschied des theoretischen und praktischen, also auf die Natur des Willens und des sittlichen Vermögens aufmerksam zu machen, und zugleich darauf hinzuweisen, in welchem Sinne allein die Tugend eine Erkenntnis kann genannt werden: daß hieran Niemand den ganzen Stil des früheren Platonischen Philosophierens verkennen wird. Eben so ist besonders in der Ausführung des zweiten Satzes der allmählige Übergang zum Entgegengesetzten so ganz nach den Vorschriften des »Phaidros«, daß der Geist und die frühere Zeit des Mannes auch hieraus deutlich hervorzugehen scheint. Dieses nun vorausgesetzt stimmt der Endzweck des Gespräches so sehr mit dem »Protagoras« zusammen, daß man sich der Frage nicht erwehren kann, in welcher Folge und Beziehung auf einander man sich beide Gespräche zu denken hat, wenn sie beide vom Platon herrühren sollen. Wäre nun der »Hippias« nach dem »Protagoras« geschrieben: so müßte doch in jenem irgend etwas weiter ausgeführt oder deutlicher dargestellt erscheinen als in diesem. Dies ist aber nicht auszumitteln. Denn es kann zwar scheinen, als ob der erste Teil einen aufmerksamen weiter fortschließenden Leser, leichter und sicherer fast als der »Protagoras« tun konnte, zur Gewißheit darüber führen müsse, welches doch, wenn die Tugend eine Erkenntnis ist, der Gegenstand dieser Erkenntnis sein müsse, nämlich das Gute. Allein diese Untersuchung wird im »Hippias« gar nicht von dem Punkte aus weiter gebracht wo sie im »Protagoras« stehen geblieben war; sondern sie wird auf eine ganz andere Art eingeleitet, und in beiden nur negativ geführt. Im »Protagoras« nämlich wird nur beiläufig die Vorstellung zum Widerspruch gebracht, daß die Lust der Gegenstand der sittlichen Erkenntnis ist; im »Hippias« wird gegen die gestritten, daß die Tugend sofern sie Erkenntnis ist, nicht die Erkenntnis des Gegenstandes ist, den sie jedesmal behandelt. Daß nun Viele leichter finden werden von dem »Hippias« aus das Positive zu finden, kann nichts für seine spätere Abfassung beweisen. Denn der Grund liegt nur in unserer neueren Ansicht. Vielmehr ist offenbar, daß Platon mit dem Gange im »Protagoras« sehr wohl zufrieden gewesen, da er in den folgenden kleinen Gesprächen so unmittelbar darauf weiter geht, und die ganze Idee von der Lehrbarkeit der Tugend noch in einer langen vor uns liegenden Reihe festgehalten wird, und auch weit inniger mit der ganzen Philosophie des Platon zusammenhängt als die etwas einseitige wenn gleich vielleicht reiner sokratische Behandlung im »Hippias«. Daher dieses Gespräch, wenn man es, wohin es auch immer sei, nach dem »Protagoras« stellt, allemal die natürliche Fortschreitung unterbricht. Auch findet sich weder in dem »Hippias« irgend eine Rückweisung auf den »Protagoras«, noch in irgend einem von den Anhängen des letzteren eine auf den »Hippias«. Eben so wenig wird diese Ansicht bestätigt durch die im zweiten Teile unseres Gespräches durchgeführte Behauptung, daß der Gute vorsätzlich fehle und nur der Schlechte unvorsätzlich. Denn diese müßte; wenn der »Hippias«

ein Nachtrag zum »Protagoras« wäre, offenbar in Verbindung gebracht worden sein mit der dort vorgetragenen Voraussetzung, daß Niemand vorsätzlich fehle. Nun ist zwar im »Hippias« jenem Satze zuletzt die Wendung gegeben, wenn also jemand vorsätzlich fehle so müsse das der Gute sein, wobei vorausgesetzt zu werden scheint, wahrscheinlicher aber fehle niemand vorsätzlich. Allein weit mehr würde dieses heraus gehoben worden sein, wenn es von Platon als eine Rückweisung auf den »Protagoras« geschrieben wäre. Daher sich immer noch weit eher denken läßt, daß jene Voraussetzung im »Protagoras« zum Teil auch im Vertrauen auf dieses im »Hippias« bereits Durchgeführte so ohne weiteres und unbeschützt konnte hingestellt werden. Daher bleibt nichts übrig, als den »Hippias« vor den »Protagoras« zu setzen, und ihn anzusehen als den ersten Versuch jenen Gedanken von der Natur der Tugend auf die bekannte indirekte Weise auszuführen, der aber nicht genug gelungen schien, und dadurch jenes größere schönere Werk veranlaßte. In diesem nun wäre freilich die eingeflochtene Prüfung der Gesinnung und der Methode ganz neu hinzugekommen mit Allem was davon unmittelbar abhängt; allein das wäre wohl auch sehr zu begreifen, daß dem Platon etwas ähnliches begegnen mußte, wenn er einen bereits abgehandelten Gegenstand von neuem verbessernd darstellen wollte. Auch könnte man diese Ansicht noch zu größerer Wahrscheinlichkeit durchführen, wenn man genauer darlegte, wie fast von Allem, was übrigens der«Protagoras« enthält, irgend ein wenn auch meistens nur dürftiger Keim im »Hippias« zu finden ist, sowohl vom Inhalt als von den verschiedenen Arten der Behandlung. Da nun dieses die günstigste Ansicht ist, welche sich von dem Werke fassen läßt, und doch auch so der »Hippias« gewissermaßen als durch den »Protagoras« verdrängt erscheint: so konnte ihm auf keinen Fall ein anderer Platz als in diesem Anhange angewiesen werden.

Allein wenn man das Einzelne genauer untersucht: so verdunkelt sich auch diese günstige Ansicht wieder, und es erheben sich mancherlei Zweifel dagegen, ob dies Gespräch auch in der Tat ein Werk des Platon sein könne. Unmittelbar freilich und zunächst entstehen sie nur aus der Einkleidung. Denn hier ist Manches teils so unbeholfen, daß man es kaum dem Platon zutrauen kann; teils, wie in der ganzen Rede von der olympischen Selbstausstellung des »Hippias«, die Ironie über den Sophisten so abgeschnitten von dem übrigen Inhalte des Gespräches, wie sie sonst beim Platon nicht zu finden ist; teils auch die Abwechselungen der Manier des Dialogs so zwecklos angebracht, daß kaum möglich scheint, Platon sollte sie fast zum ersten Mal so angewendet haben. Allein ist jemand einmal durch diese Einzelheiten, welche die Anmerkungen näher nachweisen sollen, aufmerksam gemacht, dem wird dann mehreres verdächtig erscheinen. Viele zum Beispiel von den unverkennbaren Ähnlichkeiten mit dem »Protagoras« werden der Nachahmung verdächtig, wenn man erwägt, daß sie in diesem grade aus dem neu hinzugekommenen dem »Hippias« fremden Inhalt hervorgehn, in dem »Hippias« aber fast nur leeren Prunk abgeben. Dann auch besonders die Art wie vom Homeros ausgegangen wird erscheint als Notbehelf eines mit den dem Platon werteren Lyrikern unbekannten Schülers; so auch die Klage, daß man ihn nicht mehr fragen könne wie er es gemeint, dem Protagoras nachgeklagt. Selbst Hippias scheint nur aus den Personen jenes Gesprächs auf gut Glück herausgegriffen als Hauptperson ohne irgend einen besonderen Grund, wie wir ihn doch sonst größtenteils aufzeigen können. Ja wer einmal das ganze Gespräch genau in diesem Lichte besieht, für den hat auch die Ausübung der Dialektik darin ein merkwürdiges bald ängstliches bald unbeholfenes Wesen, das eben auch fast nur dem Ion gleicht. So daß Mancher es leicht für das Beste halten könnte, auch auf den Hippias jene Vorstellungsart anzuwenden, die dem Platon sein unläugbares Eigentum der ersten Erfindung und Anordnung erhalten, in dem übrigen aber einen mühsamen zwar und ziemlich verständigen, doch aber nicht mit dem Geist und Geschmack des Meisters ihm nacharbeitenden Schüler erkennen würde. Daher es Bekker mir ganz recht gemacht, daß er auch dieses Gespräch gradezu einem unbekannten Verfasser zugeschrieben, der höchst wahrscheinlich mit dem Verfasser des »Ion« eine und dieselbe Person sein dürfte. Für Andere indessen mag wiederum die Tatsache überwiegen, daß Aristoteles dieses Gespräch anführt, zwar nicht unter dem Namen des Platon, aber doch so wie er auch entschiedene Werke seines Lehrers öfters anzuführen pflegt. Denn im allgemeinen zu sagen, daß man bei Untersuchungen über die Ächtheit Platonischer Gespräche auf die Anführungen des Aristoteles gar keine Rücksicht zu nehmen habe, das möchte ich auch jetzt noch nicht verantworten. Nur diese freilich beweiset eigentlich nur daß Aristoteles unser Gespräch gekannt, nicht bestimmt daß er es dem Platon zugeschrieben.

HIPPIAS

EUDIKOS · SOKRATES · HIPPIAS

(363) **Eudikos:** Du aber, Sokrates, warum schweigst du, nachdem Hippias uns so vieles ausgestellt, und lobst nicht entweder mit uns etwas von dem Gesagten, oder tadelst auch, wenn dir etwas nicht gut gesagt zu sein scheint? Zumal auch nur wir übrig geblieben sind, die wir uns doch vorzüglich bestreben teilzuhaben an wissenschaftlicher Beschäftigung.

Sokrates: Allerdings, Eudikos, habe ich einiges, was ich ganz gern erfragen möchte vom Hippias, über das was er eben sprach vom Homeros. Denn auch von deinem Vater Apemantos habe ich gehört, die Ilias wäre ein schöneres Gedicht als die Odysseia, und zwar um soviel schöner als Achilleus besser wäre dann Odysseus. Jedes nämlich von diesen Gedichten, sagte er, wäre auf Einen, das eine auf den Odysseus gedichtet, das andere auf den Achilleus. Darüber nun möchte ich mich gern, wenn es dem Hippias gelegen ist, weiter befragen, was ihn wohl dünkt von diesen beiden Männern, welchen er für den besseren hält; da er uns ja doch so viel und vielerlei anderes vorgetragen hat über andere Dichter sowohl als über den Homeros.

Eudikos: Offenbar wird dir ja Hippias nicht abschlagen, wenn du ihn etwas fragst zu antworten. Nicht wahr, Hippias, wenn Sokrates dich etwas fragt wirst du antworten? oder was wirst du tun?

Hippias: Das wäre ja arg, o Eudikos, wenn ich nach Olympia zwar in die Festversammlung der Hellenen, wenn die Spiele gefeiert werden, jedesmal von Hause aus Elis hinaufginge nach dem Tempel und mich anböte, sowohl was nur einer will von allem zur Prunkrede mir schon vorbereiteten vorzutragen, als auch Jedem zu antworten, der mich nur was immer fragt, jetzt aber des Sokrates Frage ausweichen wollte!

Sokrates: In einem glückseligen Zustande befindest du dich, Hippias, wenn du jede Olympiade, so guter Zuversicht für (364) deine Seele was Weisheit betrifft, zum Feste kommst; und es sollte mich wundern, wenn irgend einer von denen, die sich dort in Leibesübungen zeigen, so furchtlos und fest vertrauend auf seinen Leib dort hinginge zum Kampf, wie du sagst auf deinen Verstand.

Hippias: Ganz natürlich, o Sokrates, daß es mir so ergeht. Denn seitdem ich angefangen bei den Olympischen Spielen mich im Wettkampf zu zeigen, bin ich noch auf keinen jemals getroffen, der in irgend etwas vortrefflicher gewesen wäre als ich.

Sokrates: Ein schönes Denkmal der Weisheit, o Hippias, muß dieser dein Ruhm sowohl der Stadt Elis sein als auch deinen Eltern. Allein was sagst du uns wegen des Achilleus und des Odysseus? welchen hältst du, und worin, für besser? Denn als unserer so viele drin waren und du deine Schaurede hieltest, blieb ich zurück hinter deiner Rede. Denn ich trug Bedenken dich weiter zu fragen, weil viel Volks drinnen war, und um dir nicht Störung zu machen durch mein Fragen in deiner Prunkrede. Nun wir aber weniger sind und Eudikos mir zuredet zu fragen: so sprich doch und lehre uns deutlicher, was du sagtest von diesen beiden Männern? wie unterschiedest du sie?

Hippias: Ich will dir also noch deutlicher als damals erklären, was ich meine von diesen und andern. Ich behaupte nämlich, Homeros habe in seinen Gedichten als den besten unter den nach Troja gekommenen den Achilleus dargestellt, als den weisesten aber den Nestor, und als den vielgewandtesten den Odysseus.

Sokrates: Weh mir Hippias! Tätest du mir wohl soviel zu Liebe mich nicht auszulachen, wenn ich nur mit Mühe begreife was du meinst, und oft weiter frage? so versuche denn mir gern und sanftmütig zu antworten.

Hippias: Das wäre ja schändlich, Sokrates, wenn ich Andere zwar eben hierin unterwiese und mir Geld dafür geben ließe, selbst aber von dir befragt keine Nachsicht beweisen und dir nicht sanftmütig antworten wollte.

Sokrates: Sehr schön gesprochen! Ich also, wie du sagtest; Achilleus werde als der beste dargestellt, glaubte ich zu verstehen was du meintest, so auch wie Nestor als der weiseste. Hernach aber als du vom Odysseus sagtest, der Dichter habe ihn als den vielgewandtesten dargestellt, dieses, um dir die Wahrheit zu sagen, weiß ich ganz und gar nicht wie du es meinst. Sage mir also, ob ich es vielleicht hieraus besser verstehn werde, wird Achilleus nicht als vielgewandt vom Homeros dargestellt?

Hippias: Ganz und gar nicht, Sokrates, sondern als höchst einfach. Denn gleich in der Bittgesandtschaft wo er sie mit (365) einander redend vorstellt, sagt sein Achilleus zum Odysseus: Edler Laertiad', erfindungsreicher Odysseus, Sieh ich muß die Rede nur grad' und frank dir verweigern, So wie im Herzen ich denk und wie's zu vollenden ich meine. Denn mir verhaßt ist Jener so sehr wie des Aides Pforten, Wer ein Andres im Herzen verbirgt, ein Anderes redet. Aber ich selbst will sagen, so wie's unfehlbar geschehn wird. In diesen Versen offenbart er die Gemütsart jedes der beiden Männer, daß nämlich Achilleus wahr sei und einfach, Odysseus aber vielgewandt und falsch. Denn den Achilleus läßt er ja diese Verse dem Odysseus sagen.

Sokrates: Jetzt mag ich wohl beinahe verstehen, Hippias, was du meinst. Unter dem vielgewandten nämlich meinst du einen falschen, wie sich ja zeigt.

Hippias: Allerdings, Sokrates. Denn als einen solchen stellt Homeros den Odysseus dar an vielen Orten, sowohl in der Ilias als in der Odysseia.

Sokrates: Also dünkte, wie es scheint, den Homeros ein anderer Mann wahrhaft zu sein, und wieder ein anderer falsch, nicht aber derselbe?

Hippias: Wie sollte es auch nicht Sokrates?

Sokrates: Dünkt es etwa dich auch selbst so, Hippias?

Hippias: Vor allen Dingen freilich! Es wäre ja auch arg, wenn nicht.

Sokrates: So wollen wir dann den Homeros jetzt lassen, da es ohnedies unmöglich ist ihn zu befragen, was er sich wohl dachte, als er diese Verse dichtete. Da du aber dich der Sache offenbar annimmst, und du selbst das glaubst, was du behauptest daß Homeros meine: so antworte gemeinschaftlich für den Homeros und für dich selbst.

Hippias: Das soll geschehen, und frage nur in kurzem was du willst.

Sokrates: Meinst du unter den Falschen solche die untüchtig sind etwas zu tun, wie die Kranken, oder die tüchtig sind etwas zu tun?

Hippias: Tüchtige meine ich, und zwar gar sehr zu vielem Andern sowohl als auch dazu die Menschen zu hintergehen.

Sokrates: Tüchtig sind sie also nach deiner Rede wie es scheint und vielgewandt. Nicht wahr?

Hippias: Ja.

Sokrates: Vielgewandt nun und betrügerisch sind sie das etwa aus Albernheit und Unklugheit. oder aus einer gewissen List und Klugheit?

Hippias: Aus List allerdings und aus Klugheit.

Sokrates: Klug sind sie also wie es scheint.

Hippias: Ja beim Zeus gar sehr.

Sokrates: Und als Kluge sollten sie nicht dessen kundig sein, was sie tun? oder sind sie es?

Hippias: Wohl sind sie dessen gar sehr kundig; darum eben tun sie ja übel.

Sokrates: Und als dessen Kundige, sind sie Unverständige oder Weise?

Hippias: Weise allerdings, eben darin im Betrügen.

(366) **Sokrates:** Komm denn, laß uns noch einmal wiederholen, was das ist, was du sagst. Die Falschen behauptest du sind tüchtig und klug und kundig und weise, worin sie falsch sind?

Hippias: Das behaupte ich freilich.

Sokrates: Und Andere sind die Wahren und die Falschen, ganz einander entgegengesetzt.

Hippias: Das meine ich.

Sokrates: Wohlan also von den Tüchtigen und Weisen sind die Falschen welche, nach deiner Rede?

Hippias: Ganz gewiß.

Sokrates: Wenn du nun sagst, tüchtig und weise wären auch die Falschen eben darin: meinst du daß sie tüchtig sind zu lügen, wann sie wollen darin, worin sie eben lügen, oder untüchtig?

Hippias: Tüchtig, meine ich.

Sokrates: Um es also kurz zusammen zu fassen, die Falschen sind weise und tüchtig zu lügen?

Hippias: Ja.

Sokrates: Ein zum Lügen untüchtiger und unverständiger Mann wäre also nicht falsch?

Hippias: So ist es.

Sokrates: Tüchtig aber ist doch wohl Jeder, der das was er will alsdann tut wann er es will; ich meine aber nicht wenn einer aus Krankheit daran verhindert wird, oder des etwas; sondern so wie du vermögend bist meinen Namen zu schreiben, wann immer du willst, so meine ich. Nennst du nicht den tüchtig, mit dem es so steht?

Hippias: Ja.

Sokrates: Sage mir also, Hippias, bist du nicht wohl erfahren im Rechnen und der Rechenkunst?

Hippias: Ganz vorzüglich, Sokrates.

Sokrates: Also wenn auch dich Jemand fragte nach dreimal Siebenhundert, welche Zahl das ist, so würdest du, wenn du nur wolltest, ganz vorzüglich und geschwind das Richtige hierüber sagen?

Hippias: Allerdings.

Sokrates: Etwa weil du der tüchtigste und weiseste bist hierin?

Hippias: Ja.

Sokrates: Bist du aber wohl nur der weiseste und tüchtigste, oder auch der beste eben darin, worin der tüchtigste und weiseste, im Rechnen?

Hippias: Auch der beste offenbar, Sokrates.

Sokrates: Das wahre also hierüber zu sagen wärst du der tüchtigste; nicht wahr?

Hippias: Ich denke wenigstens.

Sokrates: Wie aber das Falsche eben hierin? Und beantworte mir das wie das vorige o Hippias unverhohlen und edelmütig. Wenn dich Jemand fragte nach dreimal Siebenhundert wieviel das ist, würdest du wohl auch am besten lügen, und jedesmal auf gleiche Weise das Falsche hierüber sagen können, wenn du lügen und niemals richtig antworten wolltest; oder könnte der Unverständige im Rechnen besser lügen als du wenn du wolltest? Oder würde der Unverständige oft, wenn er auch falsches sagen wollte, das Richtige vorbringen unvorsätzlich wenn es sich eben träfe, weil er es nämlich nicht weiß? Du aber der Unterrichtete würdest, wenn du doch lügen wolltest, jedesmal gleich gut lügen?

(367) **Hippias:** Ja, so verhält es sich, wie du sagst.

Sokrates: Ist nun wohl der Falsche in andern Dingen zwar falsch, aber nicht in Zahlen? und könnte er im Zählen nicht lügen?

Hippias: Beim Zeus auch in Zahlen.

Sokrates: Setzen wir also auch dies, Hippias, es sei ein Mensch falsch in Rechnungen und Zahlen?

Hippias: Ja.

Sokrates: Wer also wäre dieser? Muß ihm nicht, wenn er falsch sein soll, das zukommen, wie du eben eingestandest, daß er tüchtig ist im Lügen? Denn von dem Untüchtigen im Lügen sagtest du, wenn du dich noch erinnerst, daß er nie falsch sein könne.

Hippias: Dessen erinnere ich mich, und so wurde gesagt.

Sokrates: Und zeigtest du dich nicht eben, als der allertüchtigste zum Lügen im Rechnen?

Hippias: Ja, auch das wurde gesagt.

Sokrates: Und bist du nicht auch der tüchtigste das Richtige zu sagen in Rechnungen?

Hippias: Allerdings.

Sokrates: Also derselbe ist der tüchtigste das Wahre und auch das Falsche zu sagen im Rechnen? Dies aber ist der gute hierin, der Rechner?

Hippias: Ja.

Sokrates: Wer anders wird uns also falsch im Rechnen, Hippias, als der gute? Denn der ist auch der tüchtige, der aber ist auch der wahre?

Hippias: So zeigt es sich.

Sokrates: Siehst du also, daß derselbe der Falsche ist und auch der Wahre hierin? Und der Wahre um nichts besser als der Falsche? Denn er ist ja derselbe, und keinesweges verhalten sie sich ganz entgegengesetzt, wie du vorhin meintest.

Hippias: Es scheint nicht, hierin wenigstens.

Sokrates: Willst du, daß wir es auch anderwärts betrachten?

Hippias: Wenn anders auch du es willst.

Sokrates: Bist du nicht auch in der Meßkunst erfahren?

Hippias: Das bin ich.

Sokrates: Wie nun? verhält es sich in der Meßkunst nicht eben so? derselbe ist der tüchtigste zu lügen und auch das Richtige zu sagen über die Umrisse, der Meßkünstler?

Hippias: Ja.

Sokrates: Ist nun hierin ein Anderer gut, als eben dieser?

Hippias: Kein anderer.

Sokrates: Also der gute und weise Meßkünstler ist der geschickteste zu beidem. Und wenn irgend Einer falsch ist in dem was Umrisse betrifft; so ist er es, der gute. Denn dieser ist tüchtig. Der Schlechte aber war untüchtig zum Lügen, so daß er nie falsch sein kann, da er untüchtig ist zum Lügen, wie wir waren einig geworden.

Hippias: So ist es.

Sokrates: Nun auch noch den dritten, laß uns betrachten den Sternkundigen, in welcher Kunst du noch mehr ein Meister zu sein glaubst als in den vorigen. Nicht wahr, Hippias?

Hippias: Ja.

(368) **Sokrates:** Ist es nun nicht in der Sternkunde ganz dasselbe?

Hippias: Wahrscheinlich wohl Sokrates.

Sokrates: Auch in der Sternkunde also, wenn irgend einer falsch ist wird es der gute Sternkundige sein, der tüchtig ist zum Lügen. Denn der Untüchtige nicht, der ist unverständig.

Hippias: So ergibt es sich.

Sokrates: Derselbe also wird auch in der Sternkunde der Wahrhafte sein und der Falsche.

Hippias: Das scheint so.

Sokrates: Komm also, Hippias, und erwäge es überall so in allen Erkenntnissen, ob es sich irgendwo anders verhält oder so. Denn du bist ja in den meisten Künsten unter allen Menschen der weiseste. Wie ich dich auch einmal habe rühmen gehört und deine vielfältige beneidenswerte Weisheit beschreiben auf dem Markt an den Wechseltischen. Du sagtest nämlich, du wärest einmal so nach Olympia gekommen, daß alles was du an deinem Leibe hattest deine Arbeit gewesen wäre. Zuerst der Ring den du anhattest, damit fingst du an, wäre deine Arbeit gewesen, daß du also auch Steine zu schneiden verständest, und noch ein anderes Siegel deine Arbeit, und einen Badekratzer und ein Ölfläschchen, die du selbst gemacht. Hernach auch die Schuhe, die du anhattest behauptetest du selbst geschnitten zu haben, und den Mantel gewebt und das Unterkleid, und was Allen das sonderbarste schien und der größten Geschicklichkeit Ausstellung, als du sagtest, der Gürtel deines Unterkleides sehe zwar aus wie die Persischen der Vornehmen, diesen aber hättest du selbst geflochten. Überdies hättest du Gedichte bei dir gehabt, epische und Tragödien und Dithyramben und ungebunden gar viele und mancherlei ausgearbeitete Vorträge. Und so wärest du in jenen Künsten also, deren ich vorhin erwähnte, als ein Meister hingekommen ausgezeichnet vor den andern, und auch im Tonmaß und Wohllaut und der Sprachrichtigkeit, und noch überdies in vielen andern, wie ich mich gar wohl zu erinnern glaube. Wiewohl dein Erinnerungskunststück habe ich ganz vergessen, wie es scheint, worin du glaubtest am meisten zu glänzen. Ich glaube aber auch noch viel anderes vergessen zu haben. Also, was ich eigentlich meine, sowohl in Hinsicht auf deine eignen Künste, denn auch die sind schon hinreichend, als auch auf Anderer ihre, sage mir, ob du irgend findest nach dem bisher unter uns eingestandenen, worin der Wahrhafte und der Falsche getrennt sind, und nicht derselbe. Erwäge dies an welcher Geschicklichkeit oder Kunststück oder wie du es am liebsten nennen magst, du nur immer willst. Gewiß, du wirst keine finden, Freund, denn es gibt keine. Aber sage selbst.

(369) **Hippias:** Ich weiß nichts, Sokrates, so jetzt gleich.

Sokrates: Du wirst auch niemals, wie ich glaube. Wenn ich aber Recht habe: so erinnerst du dich doch was uns aus der Rede folgt.

Hippias: Noch merke ich nicht recht, Sokrates, was du willst.

Sokrates: Jetzt vielleicht bedienest du dich eben nicht deines Erinnerungs-Kunststückes, offenbar weil du glaubst daß du nicht darfst. Ich will dich aber wohl erinnern. Du weißt doch, daß du sagtest, Achilleus sei wahrhaft, Odysseus aber falsch und vielgewandt?

Hippias: Ja.

Sokrates: Jetzt aber, merkst du doch, hat sich gezeigt, daß der Wahre und der Falsche derselbe ist: so daß, wenn Odysseus falsch war, er auch wahr wird, und Achilleus der wahre auch falsch, und daß die Männer nicht verschieden sind oder entgegengesetzt, sondern ähnlich.

Hippias: O Sokrates, jedesmal flichtst du solcherlei Reden zusammen, und aufnehmend was nur das schwierigste an einer Sache ist, bleibst du an diesem hängen und greifst es immer nur bei wenigem an; niemals aber streitest du gegen die ganze Sache von der die Rede ist. Denn auch jetzt, wenn du willst, will ich dir durch viele Beweisstellen in einer tüchtigen Rede dartun, daß Homeros in seinen Gedichten am Achilleus einen Besseren darstellt als Odysseus, und ohne Falsch, diesen aber als listig und vieles erlügend und schlechter als Achilleus. Wenn du nun willst: so stelle dieser Rede eine andere entgegen, daß jener der bessere ist. Dann werden die hier Anwesenden leichter erfahren, welcher von uns besser spricht.

Sokrates: O Hippias, ich bestreite das ja gar nicht, daß du nicht weiser wärest als ich. Aber ich pflege jedesmal wenn Jemand etwas sagt recht Acht zu geben, zumal wenn ich den für weise halte, der da redet; und aus Verlangen zu verstehen was er meint, forsche ich nach, und überlege die Sache weiter, und vergleiche das Gesagte um es zu verstehen. Wenn mir aber der Sprechende unbedeutend vorkommt: so frage ich weder weiter, noch kümmere ich mich überhaupt um das was er sagt. Und hieran eben kannst du erkennen, wen ich für weise halte. Denn du wirst mich immer gar emsig darüber her finden, was ein solcher sagt, und forschend von ihm, damit ich etwas lerne und gefördert werde dadurch. Daher habe ich auch itzt während deiner Rede mir bedacht, daß in Absicht der Verse, welche du vorhin anführtest und zeigtest Achilleus sage sie gegen den Odysseus als gegen einen der leere Worte mache, wie wunderbar es mich bedünken würde, wenn du Recht haben solltest; (370) weil Odysseus, der vielgewandte, nirgends als ein Lügner erscheint, Achilleus aber erscheint als ein vielgewandter nach deiner Rede; er lügt wenigstens. Denn nachdem er jene Verse gesprochen, welche auch du vorhin anführtest, Denn mir verhaßt ist jener so sehr wie des Aides Pforten Wer ein Andres im Herzen verbirgt ein Anderes redet: so sagt er bald darauf, er würde sich weder vom Odysseus und Agamemnon herumbringen lassen, noch überhaupt vor Troja bleiben, sondern Morgen, spricht er, bring ich ein Opfer für Zeus und die anderen Götter, Wohl dann belad' ich die Schiffe und wann ich ins Meer sie gezogen, Wirst du schaun so du willst, und solcherlei Dinge dich kümmern Schwimmen im Morgenrot auf dem flutenden Hellespontos Meine Schiff' und darin die eiferig rudernden Männer; Und wenn glückliche Fahrt der Gestaderschütterer gönnet, Möcht ich am dritten Tag in die schollige Phthia gelangen. Und noch vor diesem hatte er zankend zum Agamemnon gesagt : Doch nun geh ich gen Phthia! Denn weit zuträglicher ist es, Heim mit den Schiffen zu gehn, den gebogenen! Schwerlich auch wirst du Weil du allhier mich entehrst noch Schätz' und Güter dir häufen. Ohnerachtet er nun dieses gesprochen das eine Mal vor dem ganzen Heer, das andere Mal zu seinen Freunden: so zeigt sich doch nirgend, daß er weder die geringste Zurüstung gemacht, noch irgend versucht die Schiffe in See zu lassen um nach Hause zu segeln; sondern vielmehr daß er sehr vornehm sich wenig daraus macht ob er wahr redet. Deshalb nun Hippias fragte ich dich von Anfang an, zweifelhaft welchen von diesen Männern der Dichter als den besseren gedichtet hat, und in der Meinung, daß beide sehr vortrefflich wären, und schwer zu entscheiden, welcher der bessere sowohl in Absicht auf Wahrheit und Falschheit als in jeder andern Tugend. Denn beide sind auch hierin einander fast gleich.

Hippias: Du untersuchst eben die Sache gar nicht ordentlich, Sokrates. Denn was Achilleus lügt, das lügt er offenbar gar nicht hinterlistig sondern unvorsätzlich, weil er durch die Unglücksfälle des Heeres genötiget ward zu bleiben und Hülfe zu leisten, Odysseus aber tut es vorsätzlich und hinterlistig.

Sokrates: Du betrügst mich, liebster Hippias, und ahmest selbst den Odysseus nach.

(371) **Hippias:** Keinesweges, Sokrates! Was meinst du aber, und worin?

Sokrates: Weil du behauptest, Achilleus lüge nicht mit böser Absicht, der doch so listig und tückisch ist noch außer seinen leeren Worten, wie ihn nämlich Homeros gedichtet hat, daß er sich um so viel klüger zeigt als Odysseus in der Kunst leicht und unentdeckt mit seinen Worten zu spielen, daß er es sogar wagte in jenes Gegenwart sich selbst zu widersprechen, ohne daß Odysseus es bemerkt. Wenigstens findet sich nirgend, daß Odysseus so mit ihm spricht, als habe er bemerkt, daß jener gelogen.

Hippias: Was meinst du nur hiemit, Sokrates?

Sokrates: Weißt du nicht, daß nachher einmal redend er zum Odysseus zwar gesagt hatte, er werde mit der Morgenröte absegeln, zum Ajas aber sagt, er werde nicht absegeln, sondern ganz andere Dinge redet?

Hippias: Wo denn?

Sokrates: Wo er sagt: Denn nicht werd' ich eher des blutigen Kampfes gedenken Ehe des waltenden Priamos Sohn der göttliche Hektor schon die Gezelt' und Schiffe der Myrmidonen erreicht hat Agos Volk hinmordend, und Glut in den Schiffen entflammet. Doch wird hoff ich bei meinem Gezelt und dunkelen Schiffen Hektor wie eifrig er ist, sich wohl enthalten des Kampfes. Du also Hippias glaubst, der Sohn der Thetis und des so sehr weisen Cheiron Zögling sei so vergeßlich gewesen, daß nachdem er kurz zuvor diejenigen aufs heftigste geschmäht die leere Worte machen, er unmittelbar darauf zum Odysseus gesagt habe, er werde schiffen, zum Ajas aber er werde bleiben, es aber doch nicht aus böser Absicht getan habe, noch in der Meinung Odysseus sei einfältig, und er selbst werde ihn im Ränkemachen und Lügen weit übertreffen?

Hippias: Nicht so dünkt mich, Sokrates; sondern auch hier spricht er, weil er sich anders besonnen aus Einfalt zum Ajas anders als zum Odysseus. Odysseus aber, wenn er wo die Wahrheit sagt tut er es in böser Absicht, und wenn er lügt eben so.

Sokrates: So ist, wie es scheint, Odysseus besser als Achilleus.

Hippias: Keinesweges doch wohl, Sokrates.

Sokrates: Wie denn? sind uns nicht eben die vorsätzlich Lügenden besser erschienen als die unvorsätzlich?

Hippias: Und wie sollten doch, o Sokrates, die welche vorsätzlich beleidigen und Andern Unheil bereiten und Übles zufügen besser sein, als die es unvorsätzlich tun, gegen die man ja (372) viel Nachsicht pflegt zu haben, wenn Jemand ohne Wissen beleidigt oder hintergeht oder sonst etwas Übles tut. Wie denn auch die Gesetze weit härter sind gegen die, welche vorsätzlich etwas Böses tun oder lügen, als gegen die Andern.

Sokrates: Siehst du, Hippias, daß ich Recht habe, wenn ich sage daß ich emsig bin im Fragen der Weisen? Und ich mag wohl nur dies Eine Gute haben, übrigens aber es schlecht genug um mich stehen. Denn wie die Dinge sich eigentlich verhalten, das entgeht mir und ich weiß davon nichts. Das ist daraus zur Genüge abzunehmen, daß wenn ich mit einem von euch zusammenkomme, die ihr gepriesen werdet um eure Weisheit, und denen alle Hellenen ihre Weisheit bezeugen, ich immer als einer erscheine der nichts weiß. Denn ich bin, um es gerade heraus zu sagen, fast über gar nichts derselben Meinung mit euch. Und welchen größeren Beweis des Unverstandes könnte es wohl geben, als wenn Jemand mit weisen Männern uneins ist. Nur dies Eine sonderbare Gute habe ich an mir, was mich noch erhält; ich schäme mich nämlich nicht zu lernen, sondern ich forsche und frage und bin Jedem sehr dankbar der mir antwortet, und habe noch nie Jemanden diesen Dank entzogen. Denn ich habe noch nie verläugnet wo ich etwas gelernt hatte, und etwa das Gelernte für das Meinige ausgegeben als hätte ich es erfunden. Sondern ich lobpreise meinen Lehrer als einen Weisen und zeige was ich von ihm gelernt. So auch jetzt in dem was du sagst, stimme ich dir nicht bei, sondern weiche gar sehr weit von dir ab. Und soviel weiß ich sehr gut, daß die Schuld davon ganz an mir liegt, weil ich eben ein solcher bin wie ich bin, um nichts größeres auf mich selbst zu sagen. Denn mir, o Hippias, scheint ganz das Gegenteil von dem, was du sagst, daß nämlich wer Andern Schaden tut und sie beleidigt belügt betrügt und sonst sich vorsätzlich vergeht, und nicht unvorsätzlich, besser ist als wer unvorsätzlich. Bisweilen freilich dünkt mich auch wieder das Gegenteil davon, und ich schwanke also über die Sache, offenbar weil ich sie nicht weiß. Jetzt nun in diesem Augenblick habe ich jenen Anfall bekommen, daß mich die vorsätzlich in etwas fehlenden besser dünken als die unvorsätzlich. Ich beschuldige aber die bisherigen Reden an dem jetzigen Zufall Ursache zu sein, daß mir eben jetzt die, welche dies Alles unvorsätzlich tun, schlechter erscheinen als welche vorsätzlich. Du also nimm dich meiner an, und schlage mir nicht ab meine Seele zu heilen. Denn weit größere Wohltat erzeigst du mir ja, wenn du meine Seele von ihrem Unverstande befreist, als wenn meinen Leib von einer Krankheit. (373) Willst du nun eine lange Rede sprechen: so sage ich dir voraus, daß du mich nicht heilen wirst; denn ich könnte dir nicht folgen. Willst du mir aber so wie bisher antworten: so wirst du mir großen Nutzen schaffen, und auch selbst, glaube ich, keinen Schaden davon haben. Mit Recht auch könnte ich dich zu Hülfe rufen, o Sohn des Apemantos. Denn du hast mich aufgeregt mit dem Hippias zu reden. Wenn er mir also nun nicht antworten will, so bitte du ihn für mich.

Eudikos: Gewiß, Sokrates, ich glaube, daß es bei dem Hippias unserer Bitte gar nicht bedürfen wird. Denn so lautet gar nicht, was er uns vorher gesagt, sondern daß er keines Menschen Frage ausweichen wollte. Nicht wahr, Hippias sagtest du das nicht?

Hippias: Das habe ich gesagt. Aber Sokrates verwirrt einen immer im Gespräch, Eudikos, und tut recht wie einer der auf Beleidigung ausgeht.

Sokrates: O bester Hippias, nicht vorsätzlich tue ich das, sonst wäre ich ja gar weise und gewaltig nach deiner Rede, sondern unvorsätzlich, so daß du mir Nachsicht zu beweisen hast. Denn du sagst ja, man müsse, wenn Jemand unvorsätzlich beleidigt, Nachsicht beweisen.

Eudikos: Tue auch nur ja nicht anders, Hippias; sondern sowohl deiner vorigen Reden als auch unserntwegen antworte was dich Sokrates fragt.

Hippias: Gut ich will antworten, da auch du mich bittest. Frage also was du willst.

Sokrates: Ich trage eben großes Verlangen, o Hippias, das itzt besprochene zu erforschen, wer wohl besser ist die vorsätzlich oder die unvorsätzlich fehlenden. Nun, glaube ich, so am besten der Untersuchung beizukommen; antworte mir also. Nennst du einen Läufer gut?

Hippias: Ja.

Sokrates: Auch schlecht?

Hippias: Ja.

Sokrates: Nicht wahr, gut ist der gut läuft schlecht aber der schlecht?

Hippias: Ja.

Sokrates: Und der langsam laufende läuft schlecht, der geschwind laufende gut?

Hippias: Ja.

Sokrates: Im Laufen also und für den Läufer ist die Geschwindigkeit das Gute, die Langsamkeit das Schlechte?

Hippias: Wie sollte es nicht.

Sokrates: Welcher ist nun der bessere Läufer, der vorsätzlich langsam läuft, oder der unvorsätzlich?

Hippias: Der vorsätzlich.

Sokrates: Heißt nun nicht Laufen doch etwas verrichten?

Hippias: Ja.

Sokrates: Und wenn verrichten, dann doch auch tun?

Hippias: Ja.

Sokrates: Wer also schlecht läuft, der tut schlechtes und unrühmliches im Lauf?

Hippias: Schlechtes. Wie sollte er nicht?

Sokrates: Und schlecht läuft der langsam laufende?

Hippias: Ja.

Sokrates: Der gute Läufer also tut dieses schlechte und unrühmliche vorsätzlich, der schlechte unvorsätzlich?

Hippias: So scheint es wenigstens.

Sokrates: Im Laufen also ist der nichtsnutziger, der das schlechte unvorsätzlich, als der es vorsätzlich tut?

Hippias: Im Laufen, ja.

(374) **Sokrates:** Und wie im Ringen? welcher ist der bessere Ringer? der vorsätzlich fällt oder unvorsätzlich?

Hippias: Der vorsätzlich, scheint es.

Sokrates: Und was ist doch schlechter und unrühmlicher beim Ringen, das Fallen oder das Niederwerfen?

Hippias: Das Fallen.

Sokrates: Auch im Ringen also ist der vorsätzlich das schlechte und unrühmliche tut der bessere Ringer als der unvorsätzlich?

Hippias: Es scheint.

Sokrates: Und wie in jeder andern Tätigkeit des Leibes? Kann nicht der dem Leibe nach Bessere beides hervorbringen, das starke und das schwache, das häßliche und das schöne? So daß, was sie schlechtes in Beziehung auf den Leib verrichten, der dem Leibe nach Bessere vorsätzlich verrichtet, der schlechtere aber unvorsätzlich?

Hippias: Es scheint auch in Absicht auf die Stärke sich so zu verhalten.

Sokrates: Und wie in Absicht auf die Schönheit der Bewegungen, Hippias? wird nicht der schönere Leib sich nur vorsätzlich in schlechte und häßliche Stellungen gestalten, der schlechtere aber unvorsätzlich? oder wie dünkt dich?

Hippias: Eben so.

Sokrates: Also auch von der Häßlichkeit der Bewegungen steht die vorsätzliche auf Seiten der Güte, die unvorsätzliche aber auf Seiten der Schlechtigkeit des Leibes.

Hippias: So zeigt es sich.

Sokrates: Und was meinst du von der Stimme? Welche hältst du für besser, die vorsätzlich mißtönende oder die unvorsätzlich?

Hippias: Die vorsätzlich.

Sokrates: Und untauglicher, die es unvorsätzlich tut?

Hippias: Ja.

Sokrates: Und möchtest du lieber das Gute besitzen oder das Schlechte?

Hippias: Das Gute.

Sokrates: Möchtest du also lieber daß deine Füße vorsätzlich hinkten oder unvorsätzlich?

Hippias: Vorsätzlich.

Sokrates: Und ist nicht das Hinken eine Schlechtigkeit und Ungestaltheit der Füße?

Hippias: Ja.

Sokrates: Und wie? ist nicht die Blödsichtigkeit eine Schlechtigkeit der Augen?

Hippias: Ja.

Sokrates: Was für Augen also möchtest du haben, und mit was für welchen zufrieden sein? mit denen einer vorsätzlich etwas undeutlich sieht und übersieht, oder unvorsätzlich?

Hippias: Mit denen vorsätzlich.

Sokrates: Besser also achtest du an dir selbst dasjenige was vorsätzlich etwas schlecht verrichtet als was unvorsätzlich?

Hippias: Ja in solchen Dingen.

Sokrates: Nicht auch über Alles wie Ohren Nase und Mund und alle Sinne erstreckt sich diese eine Erklärung, daß man die unvorsätzlich schlechtes verrichtenden nicht zu haben begehrt weil sie schlecht sind; die es aber vorsätzlich tun wohl zu haben wünscht weil sie gut sind?

Hippias: Mich dünkt es.

Sokrates: Und welche Werkzeuge im Gebrauch zu haben ist besser, mit denen einer vorsätzlich die Sache schlecht verrichtet oder unvorsätzlich? Wie ein Steuerruder womit Einer unvorsätzlich schlecht steuert, ist das besser, oder womit vorsätzlich?

Hippias: Womit vorsätzlich.

Sokrates: Und Bogen eben so, und Leier und Flöte, und Alles zusammen?

Hippias: Du hast Recht.

(375) **Sokrates:** Und wie? ist es besser ein Pferd mit einer solchen Seele zu haben, daß es Einer nur vorsätzlich schlecht reitet, oder unvorsätzlich?

Hippias: Vorsätzlich.

Sokrates: Diese also ist die bessere?

Hippias: Ja.

Sokrates: Mit der besseren Pferdeseele also wird Einer die Geschäfte dieser Seele vorsätzlich schlecht verrichten, mit der schlechten unvorsätzlich?

Hippias: Allerdings.

Sokrates: Nicht auch eben so bei Hunden und allen andern Tieren?

Hippias: Ja.

Sokrates: Und wie, ist es besser einen Schützen mit einer solchen Seele zu haben, welche vorsätzlich das Ziel verfehlt, oder welche unvorsätzlich?

Hippias: Welche vorsätzlich.

Sokrates: Also ist diese die bessere zum Schießen?

Hippias: Ja.

Sokrates: Also auch die unvorsätzlich fehlende Seele ist schlechter als die vorsätzlich?

Hippias: Im Schießen, ja.

Sokrates: Wie aber in der Heilkunde? Ist nicht die welche vorsätzlich Übles an Leibern anrichtet, heilkundiger?

Hippias: Ja.

Sokrates: Besser also ist sie in dieser Kunst als die nicht heilkundige?

Hippias: Besser.

Sokrates: Und wie die tonkundigere, sei es auf der Leier oder Flöte und so in allem übrigen was Künste und Wissenschaften betrifft, wird nicht überall die bessere vorsätzlich das schlechte und unrühmliche tun und also fehlen, die schlechtere aber unvorsätzlich?

Hippias: So zeigt es sich.

Sokrates: Also unserer Knechte Seelen möchten wir wohl lieber so haben daß sie vorsätzlich als daß sie unvorsätzlich fehlen und übel tun, weil jene besser sind hiezu?

Hippias: Ja.

Sokrates: Und wie, unsere eigene wollten wir nicht so gut als möglich haben?

Hippias: Ja.

Sokrates: Und wird sie nun nicht besser sein wenn sie vorsätzlich übel tut und fehlt als wenn unvorsätzlich?

Hippias: Arg wäre das aber doch, Sokrates, wenn die vorsätzlich Unrechttuenden besser sein sollten als die unvorsätzlich.

Sokrates: Aber es zeigt sich doch so aus dem Gesagten.

Hippias: Mir doch nicht.

Sokrates: Ich glaubte doch, Hippias, es habe sich dir auch gezeigt. Antworte mir aber noch einmal. Die Gerechtigkeit, ist sie nicht entweder eine Kraft oder eine Erkenntnis oder beides? Oder ist nicht notwendig daß die Gerechtigkeit eines von diesen ist?

Hippias: Ja.

Sokrates: Also wenn die Gerechtigkeit eine Kraft der Seele ist: so ist doch die tüchtigere Seele die gerechtere. Denn als besser war uns eben diese erschienen, Bester.

Hippias: So war sie uns erschienen.

Sokrates: Und wie wenn eine Erkenntnis, ist dann nicht die weisere Seele die gerechtere? und die ungelehrigere die ungerechtere?

Hippias: Ja.

Sokrates: Und wie wenn beides, ist dann nicht die welche beides hat, Erkenntnis und Kraft, die gerechtere? und die unverständigere auch die ungerechtere? Verhält es sich nicht notwendig so?

Hippias: Es scheint.

Sokrates: Und die tüchtigere und weisere, hatte sich die nicht auch als die bessere gezeigt und die mehr im Stande ist beides zu verrichten das Schöne sowohl als das Schlechte in jedem Geschäft?

Hippias: Ja.

(376) **Sokrates:** Wenn sie also schlechtes verrichtet: so verrichtet sie es vorsätzlich durch Kraft und Kunst. Und dieses scheint zur Gerechtigkeit zu gehören entweder beides oder eins von beiden.

Hippias: Das scheint.

Sokrates: Und Unrecht tun heißt schlechtes verrichten, nicht Unrecht tun aber Schönes?

Hippias: Ja.

Sokrates: Also die tüchtigere und bessere Seele, wenn sie Unrecht tut, wird sie vorsätzlich Unrecht tun, die schlechtere aber unvorsätzlich?

Hippias: Es scheint.

Sokrates: Und der gute Mann ist doch der die gute Seele hat, der schlechte aber der die schlechte.

Hippias: Ja.

Sokrates: Der gute Mann also wird vorsätzlich Unrecht tun, der schlechte aber unvorsätzlich, wenn doch der gute die gute Seele hat.

Hippias: Die hat er freilich.

Sokrates: Der also vorsätzlich fehlt und das schlechte und unrechte tut, o Hippias, wenn es einen solchen gibt, wäre kein anderer als der gute.

Hippias: Auf keine Weise kann ich dir dieses doch einräumen, o Sokrates.

Sokrates: Auch ich nicht mir selbst, Hippias. Aber es scheint uns doch itzt notwendig so aus unserer Rede. Indes wie ich schon gesagt habe, ich schwanke hierüber bald so bald so und bleibe mir niemals gleich in meiner Meinung. Und daß ich schwanke, ist wohl nichts wunderbares, und jeder Ungelehrte: wenn aber auch ihr schwanken wollt, ihr Weisen, das ist dann ein großes Unglück auch für uns, wenn wir nicht einmal bei euch zur Ruhe kommen können von unserm Schwanken.

Hippias maior (Das größere Gespräch dieses Namens)

Einleitung

Der Gegenstand dieses Gespräches ist allerdings rein philosophisch. Denn den Begriff des Schönen zu erklären seinem ganzen Umfange nach, wie er sowohl die körperlichen Dinge befaßt als die unkörperlichen, wäre gewiß sehr der Mühe wert, und eben so wichtig für die Philosophie des Platon, wie der Zweck manches kleineren Gespräches, dem wir seinen Platz in der großen Reihe angewiesen haben. Allein sieht man auf die Behandlung des Gegenstandes: so wird wohl niemand sich wundern, das Gespräch nur hier im Anhang zu finden. Denn sie ist so durchaus skeptisch wie nirgend anders; eine Menge verschiedener Erklärungen des Schönen werden vorgenommen und alle widerlegt. Ja wenn man auch alles zusammennimmt, worauf der Leser eben bei der Widerlegung hingeführt wird oder zurück: so sind es nur ein Paar ganz bekannte Sätze, daß nämlich was das Böse vollbringt kein Vermögen sei, sondern nur ein Unvermögen, und daß das Schöne und Gute nicht dürfen getrennt werden, und eben dies letzte ist das einzige, worüber sich Sokrates deutlich und bestimmt äußert. Wegen dieses Mangels an wissenschaftlichem Gehalt nun können wir das Gespräch unter die eigentlich philosophischen Werke nicht rechnen. So steht es auch in keinem sichtlichen Zusammenhang fortschreitender Entwicklung mit irgend einem andern. Gewiß fällt hiebei jedermann zunächst der »Philebos« ein; und nur wegen dieser Zusammenstellung, nicht um auch nur entfernt eine Zeit anzudeuten, in welcher der »Hippias« könnte geschrieben sein, haben wir ihm seinen Platz hier angewiesen. Im »Philebos« nämlich spricht sich Platon am deutlichsten aus, sowohl über den Zusammenhang des Schönen mit dem Guten, als auch über das Wesen des Schönen selbst, und betrachtet es sowohl in seiner sittlichen Bedeutung, als auch nach den ersten Elementen dessen, was wir in körperlichen Dingen schön nennen. Aber niemand wird dort auch nur die mindeste Rückweisung finden auf die hier angestellten Untersuchungen, noch auch irgendwo im »Hippias« eine nähere Vorbereitung anerkennen auf das, was im »Philebos« verhandelt wird.

Kurz es muß wohl Jedem einleuchten, daß von wissenschaftlicher Behandlung des Gegenstandes, des Schönen nämlich, hier kaum die Rede sein kann, so sehr tritt sie zurück, und Jedem wird eben so sicher das ganze Gespräch den Eindruck geben, daß die polemische Richtung desselben die Hauptsache ist. Zunächst hat diese zwei merkwürdige Erklärungen des Schönen zum Ziel. In der einen, daß das Schöne das Schickliche sei, erkennt man leicht den Geist der hedonischen Schulen, sofern nämlich für sie auch das Gute nur ein willkürlich festgestelltes, also anständiges und schickliches ist; nur kann man sich wundern, daß Sokrates hiebei so ganz in einer fast grammatischen Dialektik bleibt, ohne wie er sonst pflegt die Gesinnung welche zum Grunde liegt etwas bitter herauszuheben. Von der andern Erklärung, das Schöne sei das Angenehme, welches wir durch Gesicht und Gehör aufnehmen, welche allerdings auf dieselben Elemente hinweiset, welche auch Platon im »Philebos« aufstellt, wäre es sehr merkwürdig zu wissen, wer sie wohl zu seiner Zeit grade so vorgetragen, oder ob sie von ihm selbst erdichtet sei, um auf diejenige Eigenschaft des Schönen hinzuweisen, die er im »Philebos« als das wesentliche davon angibt. Allein wenn auch diese Erklärung als gar nahe zur Hand liegend gewiß gegeben worden ist, wenn wir auch den Urheber nicht mehr nachweisen können: so wird man doch unmöglich glauben können, daß auch das wirklich von Andern gegebene Erklärungen sind, die Platon dem Hippias in den Mund legt vom Golde und von dem schönen Mädchen. Und so muß wohl Jeder sich selbst fragen, wie kommt wohl Platon dazu, den nicht unberühmten Sophisten in einem so unerhörten Grade von Dummheit darzustellen, als wäre er nicht einmal im Stande gewesen die Frage, wie ein Wort zu erklären sei, auch nur zu verstehen? Die persönliche Verspottung erscheint hier ohnstreitig weit gröber als irgendwo anders, selbst den »Euthydemos« nicht ausgenommen, wo die Personen doch wahrscheinlich nicht einmal recht geschichtlich sind, und hätte, so übertrieben als sie ist, ihre Wirkung gewiß selbst vernichtet.

Diese mit der Geschicklichkeit und Feinheit des Platon nicht recht vereinbare Art oder vielmehr Unart kann vielleicht Manchem Zweifel erregen gegen die Ächtheit des Gespräches, weil man sie allerdings sehr natürlich finden wird bei einem minder gewiegten Nachahmer, welcher fühlte, er müsse es sich leicht machen, wenn ihm die Ironie und die Dialektik seines Vorbildes einigermaßen gelingen sollte. Und ist der Verdacht einmal aufgeregt, so wird sich gewiß mehreres finden, was ihn zu bestätigen scheint. So gleich im Anfang gefällt sich Sokrates in einer sophistischen Dialektik, die uns aufheben möchte, daß nicht etwas das was es ist schlecht sein könne, ein Kunststück, welches eines der Männer im »Euthydemos« nicht unwürdig wäre. Sollte dies Parodie sein auf irgend etwas ähnliches, so sollte man meinen, Platon hätte sie lieber dem Sophisten in den Mund gelegt als dem Sokrates. Dagegen benimmt sich Hippias hiebei mit einem schlichten Verstande, den er hernach nicht recht zu behaupten weiß, und mit einer Mäßigung, die ihm Sokrates nicht sonderlich vergilt. Dann fällt es gewiß in der Anordnung des Ganzen als etwas sehr fremdes auf, daß in der ersten Hälfte des Gespräches alle Erklärungen über das Schöne von Hippias ausgehn, und in der letzten wiederum alle von Sokrates, der sich dann auch meist auf eine unnatürlich rasche Art selbst widerlegt, ohne etwa durch den Gang des Gespräches dazu gleichsam gezwungen zu werden, sondern es recht von weitem her darauf anlegend. Endlich ist auch der Scherz mit dem Manne im Hinterhalt, dem Sokrates immer Rechenschaft ablegen muß, fast etwas zu plump ausgeführt für die Hand des Platon, daß der Mann ihn schlagen will wie die Aspasia im »Menexenos«, daß hernach Sokrates sich selbst mit Namen an dessen Stelle setzt, aber ohne daß klar wird er habe von Anfang an nur sich gemeint, und so daß gar keine besondere Wirkung davon hervortritt, und ganz abschmeckend ist es, daß hernach doch noch wieder dieses dritte vorkommt. Allein diese Gründe sehr ernsthaft geltend machen wollen könnte doch leicht vorwitzig sein; und wir möchten es nicht verantworten dies Gespräch in eine Klasse zu setzen mit denen die wir streng und unbedingt verworfen haben. Die Lustigkeit des Ganzen ist überschwänglich, und wenn man etwas genügsam annimmt, daß es auf diese vorzüglich sei abgesehen gewesen, daß aber mancherlei gleichzeitiges unter dem Namen des Hippias sowohl als des Sokrates im zweiten Teil gerügt wird: so wird man die Übertreibungen sowohl als die Ausschweifungen der Laune gern verzeihen. Überdies aber sieht man leicht, wie überall der Polemik viel Selbstverteidigung zum Grunde liegt. Das irdene Küchengerät und der goldene Querl sind recht zum Trotz für diejenigen da, die sich über die von geringfügigen Dingen hergenommenen Beispiele lustig machten; und so ist auch jener Aufpasser da als die höchste Spitze der bisweilen vorkommenden Manier, daß Sokrates seine Mitunterredner fragt, was er wohl einem andern, der dies oder jenes einwendete, antworten solle. Wer kann nun wissen, wieviel andere persönliche Beziehungen noch hier verborgen sind, durch welche auch manches andere noch schöner ist als es uns erscheint! Auch die unverständigen Erklärungen des Hippias können Parodien sein auf andere ähnliche, oder auf die oberflächliche Art, wie von Vielen das Gute und Schöne ohne in sein wahres Wesen einzudringen in dieses und jenes einzelne gesetzt wurde. Warum aber eben Hippias den Namen dazu hergeben muß, darüber wird wohl Niemand Auskunft fordern. Nur das ist fast unwahrscheinlich, daß Platon ihn zweimal und beidemal in reinem Zwiesprach mit Sokrates zum unglücklichen Helden sollte gewählt haben, zumal beide Gespräche ohne irgend eine innere Beziehung auf einander sind. Wenn nun eines platonisch sein soll und das andere nicht, so wird doch der Sieg dem größeren bleiben. Denn es sind manche Spuren da, daß bei Abfassung des kleineren der größere vor Augen gelegen. Einzelne spöttelnde Ausfälle gegen den Mann, die der größere mit wenigen Worten abtut, sind in dem kleineren mit unverhältnismäßiger Weitläuftigkeit ausgesponnen, und das Redegastmahl zu welchem in dem größeren Gespräch der Sophist den Sokrates einladet, ist in dem kleineren eben beendiget.

HIPPIAS

(281) **Sokrates:** Hippias, du herrlicher und weiser, wie seit gar langer Zeit kommst du uns endlich einmal wieder nach Athen!

Hippias: Ich hatte eben nicht Muße, Sokrates. Denn wenn Elis irgend etwas auszurichten hat bei einer andern Stadt, so kommt sie immer unter allen Bürgern zuerst zu mir und wählt mich zum Gesandten, weil sie mich für den besten Beurteiler und Berichterstatter dessen hält, was von jeder Stadt vorgetragen wird. So bin ich schon oft auch zu andern Städten abgeschickt worden, am meisten aber, und in den meisten und wichtigsten Angelegenheiten nach Lakedaimon. Daher komme ich denn was dich wundert, nicht häufig in diese Gegenden.

Sokrates: Soviel hat es auf sich, Hippias, in der Tat ein weiser und vollkommner Mann sein! Denn du kannst sowohl für dich viel Geld von den jungen Leuten ziehn, wofür du ihnen doch noch mehr leistest als du ziehst; als auch wiederum in öffentlichen Angelegenheiten vermagst du deiner Vaterstadt nützlich zu sein, wie es der muß der nicht gering geschätzt werden will, sondern in großem Ansehen stehen bei den Leuten. Jedoch, o Hippias, was mag wohl die Ursache sein, daß jene Alten, deren Namen so hoch berühmt sind ihrer Weisheit wegen, Pittakos und Bias und Thales der Milesier und auch noch die späteren bis auf den Anaxagoras herab entweder alle oder doch die meisten sich aller Staatsgeschäfte scheinen enthalten zu haben?

Hippias: Was anders meinst du wohl, Sokrates, als daß sie es nicht fähig waren, und nicht geschickt beides mit ihrer Einsicht zu umfassen, die gemeinsamen Angelegenheiten und ihre besonderen.

Sokrates: Also, beim Zeus, sollen wir, wie die anderen Künste zugenommen haben und mit den heutigen Meistern verglichen die alten nur schlecht sind, eben so auch von eurer, der Sophisten, Kunst sagen, daß sie fortgeschritten ist, und daß die alten Weisen gegen euch nur schlecht sind?

Hippias: Allerdings vollkommen richtig ist das.

(282) **Sokrates:** Wenn uns also jetzt Bias wieder auflebte, so würde er lächerlich erscheinen neben euch; eben wie die Bildhauer sagen, daß wenn Dädalos jetzt lebte und dergleichen Werke bildete, als durch welche er berühmt geworden ist, man ihn auslachen würde?

Hippias: Es verhält sich allerdings, Sokrates, so wie du sagst. Indes pflege ich meines Teils die Alten und die vor uns waren auch vor den jetzigen und mehr als sie zu preisen, aus Scheu vor der Abgunst der Lebenden und aus Furcht vor dem Zorn der Verstorbenen.

Sokrates: Ganz richtig, o Hippias, meinst und bedenkst du es wie mir scheint. Und ich muß es dir bezeugen, daß du Recht hast und daß eure Kunst wirklich so weit fortgeschritten ist, daß ihr nun auch die öffentlichen Angelegenheiten zu behandeln versteht neben euren besonderen. Denn da ist der Sophist Gorgias der Leontiner hieher gekommen von Staatswegen von Hause als Gesandter, also doch als der tüchtigste unter allen Leontinern um die öffentlichen Angelegenheiten zu betreiben, und hat sich sowohl den Ruhm erworben vor dem Volke ganz vortrefflich gesprochen zu haben, als auch dadurch daß er sich anderwärts hören läßt, und den Jünglingen Unterricht gibt, vieles Geld verdient und empfangen in dieser Stadt. Auch wenn du willst unser Freund Prodikos ist nicht nur sonst öfters in öffentlichen Angelegenheiten hier gewesen, sondern auch noch das letztemal ganz neuerlich kam er von Staatswegen aus Kea, und hat sich nicht nur durch eine Rede vor dem Rate großen Ruhm erworben, sondern ebenfalls auch vor Andern sich hören lassen, und die Jünglinge um sich versammelt, und damit wer weiß wieviel Geld gewonnen. Von jenen Alten aber begehrte keiner je Geld zu verdienen als Lohn noch auch sich hören zu lassen vor allerlei Leuten mit seiner Weisheit. So einfältig waren sie, und merkten nicht einmal wieviel das Geld wert wäre. Diese beiden aber haben Jeder mehr Geld mit ihrer Weisheit verdient als irgend ein anderer Meister welcher Kunst du willst, und noch vor ihnen Protagoras ebenfalls.

Hippias: Du weißt noch gar nicht das rechte von dieser Sache, Sokrates. Denn wenn du wüßtest, wieviel Geld ich verdient habe, würdest du dich erst wundern. Anderes übergehe ich, aber ich kam einst nach Sikelien als eben Protagoras sich dort aufhielt der sehr berühmt und älter war als ich, und dort habe ich, der viel jüngere, in ganz kurzer Zeit mehr als hundert und fünfzig Minen verdient, ja in einem einzigen ganz kleinen Städtchen Inykos mehr als zwanzig Minen. Und dies brachte ich mit nach Hause als ich zurückkam, und gab es meinem Vater, so daß er und alle meine Landsleute sich wunderten und erstaunten. Ja ich glaube daß ich mehr Geld verdient habe als welche zwei Sophisten du sonst willst zusammen.

Sokrates: Das ist ja ein herrlicher und großer Beweis der Weisheit, (283) Hippias, deiner eigenen sowohl wie überhaupt der unserer jetzigen Männer, wie weit sie die Alten übertreffen. Denn die früheren beschreibt man doch als sehr dumm nach deiner Rede. Gleich dem Anaxagoras, sagt man, sei ganz das Gegenteil begegnet wie Euch; er habe nämlich ein großes Vermögen, was ihm hinterlassen worden, ganz vernachlässigt und alles verloren, so unverständig habe er die Weisheit getrieben. Und ähnliches erzählt man auch von Andern unter den Alten. Dies dünkt mich also ein schöner Beweis den du beibringst für die heutige Weisheit im Vergleich mit der früheren, und Viele sind gewiß derselben Meinung, daß nämlich der Weise vorzüglich müsse für sich selbst weise sein. Und davon ist ja die natürliche Erklärung, wer das meiste Geld verdient. Doch hievon sei es nun genug. Das sage mir aber, wo hast du wohl das meiste Geld verdient unter allen Städten in die du zu gehen pflegst? Doch wohl gewiß in Lakedaimon, wo du auch am öftersten warst?

Hippias: Nein, beim Zeus, Sokrates.

Sokrates: Wie denn? wohl gar am wenigsten?

Hippias: Ganz und gar nichts niemals.

Sokrates: Wunderbar ist ja das und unbegreiflich, o Hippias. Denn sage mir doch, ist deine Weisheit nicht eine solche, daß sie die welche mit ihr umgehen und sie erlernen in der Tugend weiter bringt?

Hippias: Gar sehr, Sokrates.

Sokrates: Also der Inykiner Söhne konntest du wohl besser machen, bei den Spartanern aber vermochtest du es nicht?

Hippias: Das nun ganz und gar nicht.

Sokrates: Also haben wohl die Sikelier Lust besser zu werden, die Lakedaimonier aber nicht?

Hippias: Auf alle Weise, o Sokrates, auch die Lakedaimonier.

Sokrates: So vermieden sie wohl aus Geldmangel deinen Umgang?

Hippias: Keinesweges; denn dessen haben sie genug.

Sokrates: Was kann das also wohl sein, daß obschon sie Lust haben und auch Geld, und du im Stande bist ihnen den größten Nutzen zu schaffen, sie dich nicht mit Geld beladen entlassen? Aber wie ist es damit, ob nicht die Lakedaimonier ihre Söhne selbst besser als du unterrichten mögen? Oder wollen wir dies so erklären, und gibst du es zu?

Hippias: Nicht im mindesten.

Sokrates: Warst du nun in Lakedaimon nicht im Stande die jungen Leute zu überreden, daß sie durch den Umgang mit dir bessere Fortschritte in der Tugend machen würden, als durch den mit den Ihrigen, oder vermochtest du nicht ihre Väter zu überreden, daß sie lieber dir ihre Söhne übergeben müßten, als sich ihrer selbst annehmen, wenn ihnen irgend an ihnen gelegen wäre? Denn mißgönnt werden sie es doch wohl ihren Söhnen nicht haben, daß sie so vortrefflich würden als möglich?

Hippias: Das glaube ich wohl nicht, daß sie es ihnen mißgönnten!

Sokrates: Und gut regiert ist doch Lakedaimon?

Hippias: Wie sollte es nicht.

(284) **Sokrates:** Und in wohl regierten Staaten ist doch das allergeachtetste die Tugend?

Hippias: Freilich.

Sokrates: Und eben sie verstehst du besser als irgend Jemand andern Menschen beizubringen?

Hippias: Bei weitem besser.

Sokrates: Wer nun am besten verstände die Reitkunst zu lehren, würde der nicht unter allen hellenischen Ländern am meisten in Thessalien geehrt und belohnt werden, und wo man sich sonst auf diese Sache vorzüglich legte?

Hippias: Wahrscheinlich doch.

Sokrates: Und wer diejenigen Kenntnisse beizubringen weiß, die am meisten förderlich sind zur Tugend, der wird nicht in Lakedaimon am meisten geehrt werden, und das meiste Geld verdienen wenn er will, und in andern hellenischen Städten welche gut regiert werden, sondern mehr meinst du, in Sikelien, Freund, und in Inykos? Das sollen wir glauben, Hippias? Denn wenn du es befiehlst, muß man es glauben.

Hippias: Es ist eben nicht hergebracht bei den Lakedaimoniern, o Sokrates, an ihren Einrichtungen zu rühren oder anders als nach der bestehenden Weise ihre Söhne zu unterrichten.

Sokrates: Wie sagst du? es ist nicht hergebracht bei den Lakedaimoniern richtig zu handeln, sondern Fehler zu begehen?

Hippias: Das möchte ich nicht behaupten, Sokrates.

Sokrates: Würden sie denn nicht richtig handeln, wenn sie ihre jungen Leute besser und nicht schlechter unterrichteten?

Hippias: Richtig allerdings: allein einen ausländischen Unterricht ist bei ihnen nicht gesetzlich zu geben. Denn das wisse nur, wenn irgend jemand jemals dort mit dem Unterricht der Jugend Geld verdient hätte: so würde ich bei weitem das meiste verdient haben. Sie mögen mich wenigstens sehr gern reden hören und loben mich. Aber wie gesagt, das Gesetz gestattet es nicht.

Sokrates: Das Gesetz aber, Hippias, meinst du denn das sei ein Verderben für den Staat oder ein Nutzen?

Hippias: Gegeben wird das Gesetz, glaube ich, allerdings des Nutzens wegen, bisweilen aber schadet doch, wenn es schlecht gegeben wird, auch das Gesetz.

Sokrates: Wie? die die Gesetze anordnen, setzen die sie nicht ein als das größte Gut für den Staat, und ist es nicht ohne dieses unmöglich, in guter Ordnung zu leben?

Hippias: Ganz recht.

Sokrates: Wenn also die, welche unternehmen Gesetze zu geben, das Gute verfehlen; so haben sie ja auch das Gesetz und das Gesetzliche verfehlt. Oder wie meinst du?

Hippias: Wenn man es recht genau nimmt, Sokrates, ist es allerdings so; allein die Menschen pflegen doch nicht so zu reden.

Sokrates: Welche, Hippias, die Kundigen oder die Unkundigen?

Hippias: Die Leute.

Sokrates: Sind diese wohl des Wahren kundig, die Leute?

Hippias: Wohl nicht.

Sokrates: Aber die Kundigen werden doch wohl gewiß das nützlichere für in Wahrheit gesetzmäßiger als das unnützere halten, und zwar allen Menschen. Oder gibst du das nicht zu?

Hippias: Für in Wahrheit gesetzmäßiger, ja das gebe ich zu.

Sokrates: Und es ist doch und verhält sich wirklich so, wie die Kundigen dafür halten?

Hippias: Allerdings.

(286) **Sokrates:** Nun ist es ja aber für die Lakedaimonier wie du behauptest nützlicher, nach deiner obgleich ausländischen Anweisung erzogen zu werden, als nach der einheimischen.

Hippias: Und darin habe ich gewiß Recht.

Sokrates: Und daß das Nützlichere auch das gesetzmäßigere ist, auch dieses behauptest du, Hippias?

Hippias: Das sagte ich.

Sokrates: Nach deiner Rede also ist es für die Söhne der Lakedaimonier auch gesetzmäßiger von dem Hippias unterwiesen zu werden, von ihren Vätern aber, das wäre das gesetzwidrigere, wenn sie doch in der Tat durch dich werden besser gefördert werden.

Hippias: Das werden sie wahrlich besser, Sokrates.

Sokrates: Gesetzwidrig also handeln die Lakedaimonier, wenn sie dir nicht Geld geben und dir ihre Söhne überlassen.

Hippias: Das gebe ich zu; denn du scheinst zu meinem Vorteil zu reden, und dem darf ich ja nicht widersprechen.

Sokrates: Als gesetzwidrige also finden wir die Lakedaimonier, und zwar in den wichtigsten Dingen, da sie doch sonst für die rechtlichsten gelten. Und dich also bei den Göttern loben sie, o Hippias, und hören dich gern reden, wovon doch? Oder gewiß davon, was du am besten verstehst, von den Sternen und dem was am Himmel vorgeht?

Hippias: Keinesweges. Das mögen sie gar nicht leiden.

Sokrates: Aber von der Meßkunst mögen sie gern etwas hören?

Hippias: Mitnichten. Denn Viele von ihnen, um es mit einem Worte zu sagen, können nicht einmal zählen.

Sokrates: Daran ist also nicht zu denken, daß sie dir zuhören sollten, wenn du dich in schwierigen Rechnungen zeigest?

Hippias: Gar nicht, beim Zeus.

Sokrates: Aber jenes was unter allen Menschen du am genauesten zu bestimmen verstehst, von den Eigenschaften der Buchstaben und Silben, der Tonverhältnisse und Silbenmaße?

Hippias: Was sprichst du Guter von Tonverhältnissen und Buchstaben!

Sokrates: Aber was ist es denn, wobei sie dir gern zuhören und weshalb sie dich loben? Sage es mir doch selbst, da ich es nicht finde.

Hippias: Wenn ich ihnen spreche von den Geschlechtern der Heroen sowohl als der Menschen, und von den Niederlassungen, wie vor alters die Städte sind angelegt worden, und alles überhaupt was zu den Altertümern gehört das hören sie am liebsten; so daß ich um ihretwillen genötigt worden bin dergleichen Dinge zu erforschen und einzulernen.

Sokrates: Beim Zeus, Hippias, da ist es ja ein Glück für dich, daß es den Lakedaimoniern nicht auch Vergnügen macht, wenn ihnen jemand alle unsere Archonten vom Solon an herzählt. Denn sonst hättest du viel Mühe um sie zu lernen.

Hippias: Woher, Sokrates? Wenn ich fünfzig Namen Einmal höre, will ich sie behalten.

Sokrates: Das ist wahr! ich bedachte nicht daß du auch die Gedächtniskunst besitzest, und merke nun wohl, daß die Lakedaimonier Recht haben dich gern zu hören da du soviel weißt, und daß sie sich deiner bedienen wie die Kinder der alten Mütterchen um ihnen allerlei anmutiges zu erzählen.

Hippias: Ja, aber beim Zeus, Sokrates, auch von allen löblichen und schönen Kenntnissen und Fertigkeiten, deren sich die Jugend befleißigen müsse, habe ich noch neuerlich dort mit großem Ruhme gesprochen. Denn ich habe eine gar herrliche Rede darüber aufgesetzt, die auch sonst, besonders aber was die Worte betrifft, vortrefflich gestellt ist. Die Einkleidung und der Anfang der Rede aber ist so. Nachdem Troja eingenommen worden, heißt es in der Rede, habe Neoptolemos den Nestor gefragt, welches die rechten Übungen wären, die ein junger Mann üben müsse um zu großem Ruhme zu gelangen. Darauf wird denn Nestor redend eingeführt und gibt ihm gar viel löbliches und gar schönes an die Hand. Diese Rede habe ich dort vorgetragen und werde sie auch hier vortragen übermorgen in des Pheidostratos Schule und noch viel anderes hörenswürdiges. Denn Eudikos der Sohn des Apemantos hat mich hierum gebeten. Stelle du dich nur auch ein und bringe noch Andere mit die auch im Stande sind was geredet wird zu beurteilen.

Sokrates: Das soll geschehen so Gott will, Hippias. Jetzt aber beantworte mit nur ein weniges hiervon, was du mir gar zur schönen Stunde in Erinnerung gebracht hast. Denn neulich bester Mann hat mich Einer recht in Verlegenheit gesetzt, als ich an gewissen Reden einiges tadelte als schlecht, anderes lobte als schön, indem er mich, und das ganz spöttisch, so etwa fragte, Aber woher Sokrates, weißt du mir denn was schön ist und was schlecht? Denn sprich, könntest du wohl sagen was das Schöne ist? Da ward ich mit meiner Unfähigkeit verlegen, und wußte nicht gehörigerweise zu antworten. Wie ich nun weggegangen war aus der Versammlung schmähte und zürnte ich mir selbst und drohte, daß wo ich zuerst einem von euch Weisen begegnete, den wollte ich hierüber hören, und wenn ich es wohl aufgefaßt und durchgedacht hätte, wollte ich wieder zu dem Frager hingehn um die Rede durchzufechten. Nun kamst du mir also, wie gesagt, ganz gelegen, und belehre mich nur gründlich über das Schöne selbst was es ist, und suche es mir so genau als möglich zu beantworten, damit ich nicht, wenn ich das zweite Mal wieder zu Schanden werde, mir Gelächter bereite. Denn du weißt es gewiß genau, und es ist wohl nur etwas geringes unter den vielen Kenntnissen die du besitzest.

Hippias: Etwas gar geringes, o Sokrates, und nichts wert muß ich dir sagen.

Sokrates: Also werde ich es leicht lernen, und niemand wird mich mehr widerlegen.

Hippias: Niemand gewiß, sonst bestände ich mit meiner Sache schlecht, und es wäre gar nichts damit.

(287) Sokrates: Herrlich bei der Hera, Hippias, wenn wir den Mann bezwängen. Aber hindert es dich wohl nicht, wenn ich es jenem nachtue, und wenn du mir geantwortet hast, der Rede etwas anzuhaben suche, damit du es mir desto gründlicher beibringest? Denn vielleicht verstehe ich mich etwas auf Einwendungen; wenn es dir also keinen Unterschied macht, so will ich dir Einwendungen machen, damit ich desto fester und sicherer werde in der Sache.

Hippias: Tue das nur. Denn wie ich schon sagte, diese Frage ist gar nichts großes, und ich wollte dich viel schwereres als dieses beantworten lehren, so daß dich kein Mensch sollte widerlegen können.

Sokrates: O welche herrliche Verheißung! Wohlan denn weil du es so willst, so laß mich so gut als möglich jenen vorstellen und versuchen dich zu fragen. Wenn du ihm also jene Rede vorgetragen hättest, deren du erwähnst, die von den schönen Übungen und Kenntnissen; so würde er dich, wenn du geendiget hättest, nach nichts anderem eher fragen als eben nach dem Schönen, denn das ist so seine Art, und würde sagen, o Fremdling aus Elis, sind nicht die Gerechten durch die Gerechtigkeit gerecht? Antworte also Hippias, als ob jener dich fragte.

Hippias: Ich werde antworten, Allerdings durch die Gerechtigkeit.

Sokrates: Also ist dieses doch etwas, die Gerechtigkeit?

Hippias: Freilich.

Sokrates: Und die Weisen sind durch die Weisheit weise, und alles gute durch das Gute gut?

Hippias: Wie anders?

Sokrates: So nämlich daß dieses alles etwas ist, und keinesweges doch daß es nichts wäre?

Hippias: Freilich, daß es etwas ist!

Sokrates: Ist also nicht auch alles schöne durch das Schöne schön?

Hippias: Ja durch das Schöne.

Sokrates: Welches also doch auch etwas ist?

Hippias: Allerdings etwas. Aber was will er nur?

Sokrates: So sage mir denn, Fremdling, wird er sprechen, was ist denn dieses, das Schöne?

Hippias: Will der nun nicht wissen, wer dieses fragt, Sokrates, was schön ist?

Sokrates: Nein dünkt mich; sondern was das Schöne ist, Hippias.

Hippias: Und wie ist denn dies verschieden von jenem?

Sokrates: Dünkt es dich etwa gar nicht verschieden?

Hippias: Nein gar nicht.

Sokrates: Du weißt es freilich gewiß besser. Indes sieh nur Guter, er fragt dich ja nicht was schön ist, sondern was das Schöne ist.

Hippias: Ich verstehe Guter, und ich will ihm beantworten was das Schöne ist, und er soll gewiß nichts dagegen haben. Nämlich wisse nur, Sokrates, wenn ich es dir recht sagen soll, ein schönes Mädchen ist schön.

Sokrates: Herrlich, o Hippias, beim Zeus, und sehr annehmlich hast du geantwortet. Also nicht wahr, wenn ich dies antworte, werde ich die Frage beantwortet haben, und zwar richtig, und werde nicht widerlegt werden?

(288) Hippias: Wie sollte dir wohl widerlegt werden, o Sokrates, was Alle eben so meinen, und wovon dir alle die es hören einzeugen werden, daß es recht ist?

Sokrates: Wohl! Freilich auch! Aber laß mich doch, Hippias, noch einmal für mich selbst überdenken was du sagst. Jener wird mich so ohngefähr fragen, Komm Sokrates, und antworte mir. Alles das was du schön nennst, wird wenn das Schöne selbst was doch ist schön sein? Und darauf werde ich antworten, wenn eine schöne Jungfrau schön ist wodurch alles jenes schön ist.

Hippias: Glaubst du also, er werde wagen dich zu widerlegen, daß das nicht schön ist was du anführst, oder wenn er es wagte, werde er sich nicht lächerlich machen?

Sokrates: Daß er es wagen wird, Bester, weiß ich gewiß; ob er sich aber wenn er es wagt lächerlich machen wird, das muß die Sache zeigen. Was er indes sprechen wird, will ich dir wohl sagen.

Hippias: So sage es denn.

Sokrates: Wie sinnreich du bist, Sokrates! wird er sagen. Eine schöne Stutte aber, ist die nicht schön, die doch der Gott selbst im Orakel gelobt hat? Was sollen wir sagen, Hippias? Müssen wir nicht sagen auch eine Stutte sei schön, eine schöne nämlich? Denn wie wollten wir es wagen zu läugnen, daß etwas schönes nicht schön sei?

Hippias: Du hast Recht, Sokrates, und ganz richtig hat auch der Gott dieses gesagt. Denn sehr schöne Stutten gibt es bei uns.

Sokrates: Wohl, wird er also sagen. Aber wie eine schöne Leier, ist die nicht schön? Sollen wird es bejahen, Hippias?

Hippias: Ja.

Sokrates: Darauf, ich kann es mir recht denken, denn ich kenne seine Weise, wird er sagen, Aber du Bester: wie? eine schöne Kanne ist die nicht schön?

Hippias: O Sokrates, wer ist der Mensch? Wie ungeschliffen muß er sein, daß er so gemeine Dinge vorzubringen wagt bei einer ernsthaften Sache?

Sokrates: Es ist eben so einer, Hippias, gar kein feiner Mann, sondern so aus dem Haufen, der sich um nichts kümmert als um das Wahre. Aber antworten müssen wir ihm doch schon, und also trage ich vor, Wenn die Kanne von einem guten Töpfer gedreht ist hübsch glatt und rund und dann schön gebrannt, wie es solche schöne Kannen gibt zweihenklige von denen die sechs Maß halten, welche sehr schön sind, wenn er eine solche Kanne meint, werden wir wohl gestehen müssen, daß sie schön ist. Denn wie sollten wir sagen, daß etwas schönes nicht schön sei?

Hippias: Das wollen wir auch nicht, Sokrates.

Sokrates: Also, wird er sagen, auch eine schöne Kanne ist schön? Antworte.

Hippias: Allein, o Sokrates, es verhält sich glaube ich so. Auch ein solches Gefäß ist freilich schön, wenn es schön gearbeitet ist; aber die ganze Sache verdient nicht mit gerechnet zu werden als etwas schönes im Vergleich mit Pferden, Mädchen und allem sonstigem schönen.

(289) **Sokrates:** Wohl! Nun verstehe ich, Hippias, daß wir dem welcher dergleichen fragt so entgegnen müssen. Weißt du denn nicht Mensch, daß Herakleitos Recht hat, daß der schönste Affe häßlich ist mit dem menschlichen Geschlecht verglichen? und so ist auch die schönste Kanne häßlich mit Mädchen verglichen, wie der weise Hippias sagt. Nicht so, Hippias?

Hippias: Ganz vortrefflich, o Sokrates, hast du da geantwortet.

Sokrates: Höre nur. Hierauf nämlich weiß ich gewiß wird er sagen, Wie aber, Sokrates, wenn Jemand nun die Mädchen im Allgemeinen mit den Göttinnen vergliche, wird es ihnen nicht eben so ergehen, wie den Kannen im Vergleich mit den Mädchen? Wird nicht das schönste Mädchen häßlich erscheinen? Oder sagt nicht Herakleitos, den du selbst angeführt hast, ganz dasselbige, daß der weiseste Mensch gegen Gott nur als ein Affe erscheinen wird, sowohl an Weisheit als Schönheit und allem übrigen? Sollen wir das zugeben, Hippias, daß das schönste Mädchen mit Göttinnen verglichen häßlich ist?

Hippias: Wer könnte dem wohl widersprechen, Sokrates?

Sokrates: Wenn wir ihm nun das zugeben, wird er lachen und sagen, Besinnst du dich wohl, Sokrates, was du bist gefragt worden? – Freilich werde ich sagen, was nämlich das Schöne selbst eigentlich ist. – Und also, wird er sagen, nach dem Schönen gefragt antwortest du etwas, was wie du selbst sagst um nichts mehr schön ist als häßlich? – Das scheint freilich, werde ich sagen. Oder was rätst du mir, Lieber, daß ich sagen soll?

Hippias: Dasselbe, rate ich. Denn daß das menschliche Geschlecht im Vergleich mit den Göttern nicht schön ist, darin hat er ganz recht.

Sokrates: Wenn ich dich nun von Anfang an gefragt hätte, wird er sagen, was ist wohl schön und auch häßlich, und du hättest mir eben so geantwortet: hättest du dann nicht recht geantwortet? Und dünkt dich noch immer das Schöne selbst, wodurch alles andere geschmückt wird und als schön erscheint, wenn jener Begriff ihm zukommt, dünkt dich das noch immer ein Mädchen zu sein oder ein Pferd oder eine Leier?

Hippias: Aber Sokrates, wenn er darnach fragt, das ist ja am allerleichtesten zu beantworten, was das Schöne ist wodurch alles geschmückt wird, und wenn jenes ihm zukommt als schön erscheint. Der Mensch ist gewiß ganz einfältig und versteht nichts von schönen Sachen. Denn wenn du ihm antwortest, Dieses Schöne, wonach du fragst, ist nichts anders als das Gold: so wird er in die Enge gebracht sein und nicht weiter versuchen dich zu widerlegen. Denn das wissen wir ja Alle, daß wo dieses nur hinkommt, alles wenn es auch vorher noch so häßlich war, schön erscheint, wenn es durch Gold geschmückt ist.

Sokrates: Du kennst den Mann nicht, Hippias, wie unartig er ist und nicht etwas annimmt.

Hippias: Wie so das, Sokrates? Denn was richtig gesagt ist muß er doch annehmen, oder wenn er es nicht annimmt macht er sich lächerlich.

(290) **Sokrates:** Doch aber wird er gewiß diese Antwort, o Bester, nicht nur nicht annehmen, sondern mich gar durchziehen und sagen, Du ganz Vernagelter, hältst du etwa den Pheidias für einen schlechten Meister? – Da werde ich, denke ich, sagen, das täte ich keinesweges.

Hippias: Und daran wirst du ganz recht sagen, o Sokrates.

Sokrates: Ganz recht freilich. Aber wenn ich dann zugegeben habe, daß Pheidias ein trefflicher Künstler ist; wird jener sagen, Und du glaubst also, daß Pheidias das Schöne was du mir nennst nicht gekannt habe? – Da werde ich fragen, Wie so? – Weil er, so wird er antworten, seiner Athene die Augen nicht golden gemacht hat, auch sonst weder das Angesicht noch Hände und Füße, wenn es doch golden am schönsten würde erschienen sein, sondern elfenbeinern. Offenbar hat er das aus Einfalt verfehlt, weil er nicht wußte, daß Gold das ist, was alles schön macht, wo es hinkommt. Wenn er nun das sagt, was sollen wir ihm antworten, Hippias?

Hippias: Das ist nicht schwer. Wir wollen sagen, er hätte recht getan. Denn Elfenbeinernes, denke ich, ist auch schön.

Sokrates: Weshalb aber, wird er dann sagen, hat er nicht das Innere der Augen auch elfenbeinern gemacht sondern steinern, und einen soviel nur möglich dem Elfenbein ähnlichen Stein dazu aufgefunden. Ist etwa auch ein schöner Stein schön? Sollen wir das bejahen, Hippias?

Hippias: Wir wollen es bejahen, wenn er nämlich schicklich ist.

Sokrates: Wenn aber nicht schicklich, dann häßlich? Soll ich das zugeben, oder nicht?

Hippias: Gib es zu, wenn er nicht schicklich ist.

Sokrates: Wie aber das Elfenbein und das Gold, wird er sagen, du Weiser, werden nicht auch diese nur wenn sie sich schicken, machen daß etwas schön erscheint, wenn aber nicht, häßlich? – Wollen wir das läugnen, oder wollen wir gestehen, daran habe er Recht?

Hippias: Das können wir ja zugeben, daß was sich für jedes schickt das macht jedes schön.

Sokrates: Wenn nun aber Jemand, wird er sagen, in der schönen Kanne, von der wir vorher sprachen, schönen Hirsebrei kocht, schickt sich dann ein goldener Querl hinein oder einer von Feigenholz?

Hippias: Herakles, was für ein Mensch ist das, Sokrates! Willst du mir nicht sagen wer er ist?

Sokrates: Du kennst ihn ja doch nicht, wenn ich dir auch den Namen sage.

Hippias: Dafür kenne ich ihn doch nun schon, daß es ein dummer Mensch ist.

Sokrates: Krittlich ist er gar sehr, Hippias. Aber doch, welcher Querl, wollen wir sagen, schicke sich für den Hirsebrei und die Kanne? Offenbar doch der von Feigenholz? Denn er gibt nicht nur dem Hirsebrei einen besseren Geruch, Freund, sondern zugleich sind wir auch sicher, daß er uns nicht die Kanne zerschlägt und den Hirsebrei verschüttet und das Feuer auslöscht,

(291) und die welche bewirtet werden sollen um ein gar schönes Gemüse bringt. Der goldene aber könnte das alles tun; so daß mich dünkt, wir müssen sagen, der Querl von Feigenholz schicke sich besser als der goldene, wenn du nicht etwas anderes meinst.

Hippias: Freilich schickt sich der besser, Sokrates; aber ich möchte doch mit einem Menschen kein Gespräch führen, der nach solchen Dingen fragt.

Sokrates: Da hast du auch Recht, Lieber. Denn für dich schickt es sich wohl nicht dich mit solchen Wörtern zu befassen, der du so schön bekleidet bist, und so schön beschuht, und berühmt in jeder Art von Weisheit unter allen Hellenen, mir aber macht es nichts aus mich mit dem Menschen abzugeben. Lehre du mich also nur ein, und antworte mir zu Liebe. – Wenn also der von Feigenholz sich besser schickt als der goldene, wird der Mensch sagen, so muß er ja wohl auch schöner sein, da du ja einmal zugegeben hast, o Sokrates, daß das schickliche schöner ist als das nicht schickliche? Also wollen wir zugeben, Hippias, der von Feigenholz sei schöner als der goldene?

Hippias: Soll ich dir sagen, Sokrates, was du sagen mußt daß das Schöne sei, um ihn von allen diesen Weitläuftigkeiten abzubringen?

Sokrates: Allerdings; nur ja nicht bevor du mir erst gesagt hast, welcher von den beiden Querlen, von denen ich vorhin sagte, ich antworten soll, daß der schickliche und schönere sei?

Hippias: Wenn du willst, so antworte ihm denn, der aus Feigenholz gearbeitete.

Sokrates: Nun sage mir also was du eben sagen wolltest. Denn aus dieser Antwort die ich geben soll, daß das Schöne Gold sei, kommt mir wie es scheint heraus, daß Gold um nichts schöner ist als ein Stück Feigenholz. Jetzt aber, was willst du wiederum erklären, daß das Schöne sei?

Hippias: Das will ich dir sagen. Denn du dünkst mich darauf auszugehn, ein solches Schönes zu antworten, was niemals irgendwo irgend jemanden häßlich erscheinen kann.

Sokrates: Eben das, Hippias, und itzt hast du es recht getroffen.

Hippias: So höre denn. Und merke dir, daß wenn hiegegen Jemand noch etwas einzuwenden hat, ich dann sagen will, daß ich gar nichts verstehe.

Sokrates: Sage es nur geschwind bei den Göttern.

Hippias: Ich sage also, daß es immer für Jeden und überall das schönste ist wenn ein Mann, reich gesund geehrt unter den Hellenen in einem hohen Alter, und nachdem er seine verstorbenen Eltern ansehnlich bestattet, selbst wiederum von seinen Kindern schön und prachtvoll begraben wird.

Sokrates: Ho ho! Hippias, wahrlich wunderbar und herrlich und deiner würdig hast du da gesprochen! Und, bei der Hera, ich freue mich über dich. Denn du scheinst mit dem besten Willen soviel du nur vermagst mir zu Hülfe zu kommen. Allein den Mann treffen wir doch nicht; sondern nun wird er uns erst am ärgsten auslachen, das wisse nur.

Hippias: Das wäre doch ein schlechtes Lachen, Sokrates. (292) Denn wenn er hiegegen zwar nichts zu sagen weiß, aber doch lacht: so lacht er sich selbst aus, und wird von Allen die zugegen sind belacht werden.

Sokrates: Vielleicht steht es so; vielleicht aber wird er mich, wie mir ahndet, über diese Antwort am Ende nicht nur auslachen –

Hippias: Sondern was denn?

Sokrates: Ja wenn er zufällig einen Stock hat, und ich mich nicht hüte und ihm aus dem Wege gehe, so wird er suchen mir tüchtig beizukommen.

Hippias: Was sagst du? Ist der Mensch dein Herr, daß er so etwas tun kann, ohne daß es ihm übel bekomme und er Strafe leiden müsse? Oder gibt es kein Recht in eurer Stadt, sondern man leidet, daß die Bürger einander unrechtmäßigerweise schlagen?

Sokrates: Gar nicht leidet man das.

Hippias: So muß er ja gestraft werden, wenn er dich ohne Ursache schlägt.

Sokrates: Das dünkt mich nur gar nicht, Hippias, wenn ich so antworte, sondern sehr mit Recht.

Hippias: Nun so glaube ich es denn auch, Sokrates, da du es ja selbst meinst.

Sokrates: Soll ich dir nun sagen, weshalb ich glaube, daß ich mit Recht geschlagen würde, wenn ich so antwortete? Oder willst du mich auch ungehört schlagen, oder willst du Rede annehmen?

Hippias: Das wäre ja arg, Sokrates, wenn ich das nicht täte. Wie meinst du es also?

Sokrates: Ich will es dir sagen auf dieselbe Art wie nur eben, indem ich jenen nachahme, damit ich nicht zu dir so rede, wie er mich gewiß anlassen wird in harten und bösen Worten. Denn wisse nur, so wird er sprechen, Sage mir doch, Sokrates, glaubst du ungerechterweise Schläge zu bekommen, der du mir einen solchen Dithyramben vorsingst, und dabei gar unmusikalisch von der Frage weit abspringst? – Wie so? werde ich fragen. – Wie? wird er sagen, kannst du dich denn nicht erinnern, daß ich nach dem Schönen selbst fragte, wodurch allem bei dem es sich befindet dieses zukommt, daß es schön ist, es sei nun Stein oder Holz Mensch oder Gott und so auch jede Handlung und jede Fertigkeit? Denn nach der Schönheit selbst frage ich dich ja, Mensch, und ich könnte ja nicht mehr schreien, wenn du auch ein Stein wärest, der bei mir säße, und zwar ein Mühlstein ohne Ohren und ohne Hirn. – Würdest du wohl nicht böse werden, Hippias, wenn ich in Furcht gejagt hierauf dieses sagte? »Aber Hippias sagt doch, ohnerachtet ich ihn eben so gefragt habe wie du mich, daß dieses das Schöne sei, was immer und für Alle schön ist. Was sagst du nun?« wirst du böse werden wenn ich dieses sage?

Hippias: Das weiß ich doch gewiß, Sokrates, daß das was ich sagte an Allen schön ist und so erscheinen wird.

Sokrates: Ob es aber auch sein wird? wird jener sagen. Denn das Schöne ist doch immer schön?

Hippias: Freilich.

Sokrates: Also auch war? wird er sagen.

Hippias: Auch war.

Sokrates: Auch für den Achilles also, wird er fragen, sagte der Fremde aus Elis, daß es schön sei, nach seinen Ahnen begraben zu werden, und für seinen Großvater Aiakos und für die Andern, (293) die von den Göttern abstammen, und für die Götter selbst?

Hippias: Was ist das wieder? in die Grube mit ihm! die Fragen des Menschen sind ja ganz frevelhaft!

Sokrates: Aber wie? wenn ein Anderer fragt, zu sagen, daß es sich so verhält, ist das nicht eben so frevelhaft?

Hippias: Vielleicht wohl.

Sokrates: Vielleicht also bist du der, wird er sagen, der du ja behauptest, es sei immer und für alle insgesamt schön von seinen Kindern begraben zu werden und seine Eltern zu begraben. Oder war nicht auch Herakles einer von diesen Allen insgesamt, und Alle die wir jetzt erwähnten?

Hippias: Aber für die Götter habe ich nicht gemeint.

Sokrates: Auch für die Heroen nicht, wie es scheint?

Hippias: Nicht für die welche Kinder der Götter waren.

Sokrates: Aber für die es nicht waren?

Hippias: Freilich.

Sokrates: Also nach deiner Rede wiederum ist dies wie es scheint unter den Heroen für den Tantalos und Dardanos und Zethos böse, unheilig und schlecht; für den Pelops aber und die eine ähnliche Abstammung haben schön?

Hippias: So dünkt mich.

Sokrates: Also meinst du nun, wird er sagen, was du eben vorhin nicht meintest, daß die Voreltern begraben zu haben und von den Kindern begraben zu werden manchmal und für Manche schlecht ist; ja was noch mehr ist, wie mir scheint, daß dies unmöglich für Alle könne schön sein und gewesen sein. So daß es diesem ja ergangen ist gerade wie vorher dem Mädchen und der Kanne, und noch lächerlicher ist dies für Einige schön, für Andere nicht schön. Und, wird er sagen, du wirst wohl auch heute noch nicht im Stande sein, Sokrates, die Frage wegen des Schönen, was es ist, zu beantworten. Diese Vorwürfe und dergleichen mehr wird er mir mit Recht machen, wenn ich ihm so antworte. Meistenteils freilich, Hippias, spricht er auf diese Weise mit mir; bisweilen aber erbarmt er sich gleichsam meiner Ungeschicktheit und Unwissenheit, so daß er mir selbst etwas vorlegt und fragt, ob mich etwa dies dünkte das Schöne zu sein, oder wonach eben sonst geforscht wird und wovon die Rede ist.

Hippias: Wie meinst du das, Sokrates?

Sokrates: Das will ich dir erzählen. Du wunderlicher Sokrates, spricht er dann, dergleichen und auf diese Weise zu antworten höre nur auf; denn das ist gar zu einfältig und gar zu leicht zu widerlegen. Sondern so etwas überlege dir, ob du etwa meinst schön sei das, worauf wir auch gestoßen sind bei unsern Antworten, als wir nämlich sagten das Gold sei da schön wo es sich hin schicke, wohin aber nicht, da nicht, und so auch alles Andere dem dieses zukomme. Eben dieses also betrachte dir, das Schickliche, und das Wesen des Schicklichen, ob etwa dieses das Schöne ist. Ich nun pflege ihm dergleichen immer beizustimmen, denn ich weiß nicht was ich sonst sagen soll. Dir aber, däucht das Schickliche schön zu sein?

Hippias: Auf alle Weise, Sokrates.

Sokrates: So laß uns zusehn, daß wir nicht auch wieder damit betrogen werden.

Hippias: Das müssen wir freilich sehn.

(294) **Sokrates:** Sieh also zu. Sollen wir nun von dem Schicklichen sagen, es sei das, was Alles und jedes bei dem es sich findet schön scheinen macht, oder auch schön sein, oder keines von beiden?

Hippias: Das dünkt mich.

Sokrates: Aber welches doch? das was schön scheinen macht? wie zum Beispiel wenn einer angemessene Kleider und Schuhe antäte, würde er dann, wenn er auch eine Fratze ist doch schöner erscheinen? Und nicht wahr, wenn das Schickliche etwas schöner scheinen macht als es ist, so wäre das Schickliche eine Täuschung in Bezug auf das Schöne, und nicht das was wir suchen, Hippias? Denn wir suchen ja wohl jenes, wodurch alle schöne Sachen schön sind, so wie alle große Dinge groß sind durch Überragung. Denn dadurch ist alles groß, auch wenn es nicht so erscheint, ragt aber über anderes, so ist es notwendig groß. Dasselbe wollen wir nun auch von dem Schönen sagen, wodurch alles schön ist, es mag nun so erscheinen oder nicht, was das wohl sein mag. Denn das Schickliche kann es nicht sein, da ja dies nach deiner Rede etwas schöner erscheinen macht als es ist, und es nicht so wie es ist auch erscheinen läßt. Sondern das schön sein machende, wie ich eben sagte, mag etwas nun so erscheinen oder nicht, das wollen wir versuchen zu beschreiben was es wohl ist. Denn dies suchen wir, wenn wir das Schöne suchen.

Hippias: Aber das Schickliche, Sokrates, macht wo es ist sowohl schön sein als schön scheinen.

Sokrates: Also wäre es unmöglich daß etwas was in der Tat schön ist nicht auch schön zu sein scheine, wenn es doch das scheinen machende an sich hat?

Hippias: Unmöglich.

Sokrates: Wollen wir das also zugeben, Hippias, daß alle in Wahrheit schönen Einrichtungen und Handlungsweisen auch immer von Allen dafür gehalten werden und so erscheinen? Oder vielmehr ganz im Gegenteil, daß sie verkannt werden, und daß mehr als über irgend etwas über sie Streit und Zank ist sowohl zwischen den Einzelnen als auch öffentlich zwischen den Staaten?

Hippias: Das letztere vielmehr, Sokrates, daß sie verkannt werden.

Sokrates: Das könnten sie aber nicht, wenn sie auch das Scheinen an sich hätten, und das hätten sie, wenn das Schickliche das Schöne wäre, und nicht nur schön sein machte sondern auch scheinen. So daß das Schickliche, wenn es das schön sein machende ist, allerdings das Schöne sein wird was wir suchen, dann jedoch nicht zugleich auch das schön scheinen machende. Wenn aber wiederum das Schickliche das schön scheinen machende ist: so wird es nicht das Schöne sein welches wir suchen; denn das soll schön sein machen. Beides aber das Scheinen und das Sein zugleich kann weder wenn vom Schönen die Rede ist eins und dasselbige bewirken, noch auch wenn von irgend etwas Anderem. So laß uns demnach wählen, welches von beiden das Schickliche uns zu sein dünkt, das schön scheinen machende oder das schön sein?

Hippias: Das scheinen machende, wie mich dünkt, Sokrates.

Sokrates: O weh! so ist es uns ja schon wieder entschlüpft, Hippias, zu erfahren was das Schöne ist, nun sich ja gezeigt hat, daß das Schickliche etwas Anderes ist als das Schöne.

(295) **Hippias:** Ja beim Zeus, Sokrates, und das zu meinem großen Erstaunen.

Sokrates: Dennoch wollen wir es noch nicht fahren lassen, Freund. Denn ich habe einige Hoffnung daß es doch noch zum Vorschein kommen wird was das Schöne denn ist.

Hippias: Ganz gewiß, Sokrates! Es ist ja auch gar nicht schwer zu finden. Denn das weiß ich sicher, wenn ich nur auf kurze Zeit allein gehn, und es bei mir selbst überlegen könnte, so wollte ich es dir auf ein Haar genau sagen.

Sokrates: Sprich ja nicht groß, Hippias! Du siehst ja, wieviel es uns schon hat zu schaffen gemacht, daß es uns nicht gar böse wird und uns noch weiter entflieht. Doch das ist nichts gesagt. Denn du, das glaube ich wohl, wirst es leicht finden wenn du allein bist. Aber um der Götter willen finde es doch in meiner Gegenwart, oder suche es wie bis jetzt mit mir. Finden wir es dann, so ist das ganz vortrefflich; wo nicht, so werde ich mich wohl in mein Schicksal fügen müssen, du aber wirst fortgehn und es sehr leicht herausbringen. Und finden wir es jetzt, so werde ich dir offenbar hernach nicht beschwerlich fallen, und dich fragen was doch das gewesen ist, was du für dich selbst herausgebracht hast. Nun betrachte also einmal dieses, ob du meinst es sei das Schöne. Ich behaupte also es sei – aber überlege es ja und gib sehr wohl Achtung, daß ich nicht etwas törichtes vorbringe. Nämlich das soll uns das Schöne sein, was brauchbar ist. Ich sagte das aber hierauf sehend. Schön sind doch, sagen wir, nicht die Augen, die uns so aussehn als ob sie nicht sehn könnten, sondern die welche es können und brauchbar sind zum sehen. Nicht wahr?

Hippias: Ja.

Sokrates: Nicht auch vom ganzen Leibe sagen wir so daß er schön sei, der eine im Laufen, der andere im Ringen, und so auch alle Tiere nennen wir schön, Pferde und Hühner und Wachteln und alle Gefäße und Fahrzeuge zu Lande und zur See, Frachtschiffe und Kriegesschiffe, und alle Werkzeuge die für die Tonkunst und die für andere Künste, ja wenn du willst auch alle Beschäftigungen und Einrichtungen, dies eben alles nennen wir schön in demselben Sinne; darauf sehend bei jedem, wie es geartet, wie es ausgearbeitet ist, in welchem Zustande es sich befindet, sagen wir das Brauchbare, in wiefern es brauchbar ist, und wozu und wann, sei schön; was aber so überall unbrauchbar ist, auch häßlich. Dünkt dich das nun nicht auch so, Hippias?

Hippias: O ja.

Sokrates: Richtig also erklären wir es nun, daß ganz gewiß das Brauchbare das Schöne ist.

Hippias: Ganz richtig sicherlich, Sokrates.

Sokrates: Und nicht wahr, was etwas zu verrichten vermag, das ist dazu was es vermag auch brauchbar, das unvermögende aber unbrauchbar?

Hippias: Freilich.

Sokrates: Vermögen also ist schön, Unvermögen aber häßlich.

Hippias: Gar sehr auch in andern Dingen, o Sokrates; vorzüglich (296) aber beweiset uns, daß es sich wirklich so verhält, auch das bürgerliche Leben. Denn in öffentlichen Dingen in seinem eigenen Staat vermögend sein, das ist das schönste von allem, unvermögend aber bei weitem das schlechteste.

Sokrates: Wohl gesprochen. Ist also etwa auch bei den Göttern, Hippias, eben deshalb die Weisheit bei weitem das schönste und die Torheit das häßlichste?

Hippias: Wie wolltest du anders meinen, Sokrates?

Sokrates: Halt nur stille, lieber Freund, denn mir wird bange, was wir schon wieder vorbringen.

Hippias: Wie so ist dir wieder bange, Sokrates, da dir ja jetzt die Rede herrlich vorwärts geht.

Sokrates: Ich wünschte es wohl; aber überlege nur das mit mir: könnte einer wohl etwas tun, was er weder verstände noch überall vermöchte?

Hippias: Keinesweges! denn wie sollte er tun, was er nicht vermöchte?

Sokrates: Die also Fehler begehen und schlechtes wider Willen verrichten und tun, nicht wahr die würden doch dies nicht getan haben, wenn sie es nicht vermocht hätten?

Hippias: Offenbar.

Sokrates: Und nicht wahr, wer etwas vermag, vermag es durch ein Vermögen? denn durch ein Unvermögen doch gewiß nicht!

Hippias: Freilich nicht.

Sokrates: Es vermögen also doch Alle, welche etwas tun, das zu tun, was sie tun.

Hippias: Ja.

Sokrates: Nun aber tun alle Menschen weit mehr schlechtes als gutes von Kindheit an, und fehlen immer wider Willen.

Hippias: So ist es.

Sokrates: Wie also? Dieses Vermögen und dieses Brauchbare, was brauchbar ist um etwas schlechtes zu verrichten, sollen wir sagen das sei schön? oder nichts weniger?

Hippias: Nichts weniger freilich, dünkt mich.

Sokrates: Also nicht das Vermögende, Hippias, und das Brauchbare ist uns das Schöne.

Hippias: Doch wenn es Gutes vermag und dazu brauchbar ist.

Sokrates: Das ist also doch fort, daß das Vermögende und Brauchbare schlechthin schön ist; sondern das war es wohl eigentlich, Hippias, was unsere Seele sagen wollte, daß das Brauchbare und Vermögende um Gutes zu verrichten das Schöne sei.

Hippias: Das glaube ich auch.

Sokrates: Das ist aber doch das nützliche. Oder nicht?

Hippias: Freilich.

Sokrates: So sind wohl auch die schönen Körper und die schönen Einrichtungen und die Weisheit und alles was wir jetzt erwähnten, schön, weil nützlich.

Hippias: Offenbar.

Sokrates: Das Nützliche also zeigt sich uns nun das Schöne zu sein, o Hippias.

Hippias: Auf alle Weise, Sokrates.

Sokrates: Aber das nützliche ist doch das Gutes hervorbringende.

Hippias: Das ist es.

Sokrates: Das hervorbringende aber ist doch wohl nichts anders als die Ursache. Nicht wahr?

Hippias: Richtig.

Sokrates: Die Ursach des Guten also ist das Schöne.

Hippias: So ist es.

(297) **Sokrates:** Aber die Ursache, Hippias, und dasjenige wovon eine Ursache Ursache ist, sind zweierlei. Denn die Ursache ist doch wohl nicht der Ursache Ursache. Überlege es so. Zeigte sich die Ursache nicht offenbar als ein wirkendes?

Hippias: Allerdings.

Sokrates: Von dem wirkenden wird aber doch offenbar das Werdende bewirkt, nicht aber das wirkende?

Hippias: So ist es.

Sokrates: Also ein anderes ist das Werdende ein anderes das Wirkende.

Hippias: Ja.

Sokrates: Also ist die Ursache nicht der Ursache Ursache, sondern des durch sie werdenden.

Hippias: Freilich.

Sokrates: Wenn also das Schöne die Ursache des Guten ist, so entstände aus dem Schönen das Gute, und wir bemühen uns deshalb wie es scheint um Einsicht und um alles andere Schöne, weil desselben Werk und Erzeugnis, nämlich das Gute, der Mühe wert ist, und so mag am Ende nach dem was wir gefunden haben das Schöne gleichsam den Vater des Guten vorstellen.

Hippias: Allerdings sehr richtig, Sokrates.

Sokrates: So ist auch wohl das sehr richtig, daß der Vater nicht Sohn ist, noch auch der Sohn Vater?

Hippias: Richtig freilich.

Sokrates: Eben so wenig also ist auch die Ursache Bewirktes noch das Bewirkte die Ursache.

Hippias: Wahr gesprochen.

Sokrates: Beim Zeus, Bester, so ist also auch das Schöne nicht gut noch das Gute schön. Oder dünkt es dich möglich zufolge des Gesagten?

Hippias: Nein, beim Zeus, mir scheint es nicht.

Sokrates: Kann uns nun wohl das gefallen, und möchten wir es behaupten, daß das Schöne nicht gut ist noch auch das Gute schön?

Hippias: Nein, beim Zeus, mir gefällt es gar nicht.

Sokrates: Wahrlich, beim Zeus, Hippias, mir gefällt es am wenigsten unter allem was wir gesagt haben.

Hippias: So scheint es freilich.

Sokrates: Also mag wohl keinesweges, wie uns eben dies die schönste Erklärung schien, daß das Nützliche und das um etwas Gutes zu bewirken brauchbare und vermögende das Schöne sei, keinesweges mag es sich so verhalten, sondern diese noch lächerlicher sein wo möglich als die vorigen, da wir glaubten ein Mädchen wäre das Schöne und was wir vorher nach einander gesagt haben.

Hippias: So scheint es.

Sokrates: Und ich meines Teils weiß nicht mehr, Hippias, wohin ich mich wenden soll, sondern bin ratlos. Hast du aber etwas zu sagen?

Hippias: Jetzt im Augenblick wohl nicht; aber wie ich eben sagte, wenn ich darüber nachdenke weiß ich wohl daß ich es finden werde.

Sokrates: Ich aber glaube, daß ich aus Begierde es zu wissen gar nicht im Stande bin dein Zaudern abzuwarten. So glaube ich jetzt gleich auch schon wieder etwas ausgesonnen zu haben. Sieh nur, wenn wir sagten, das was uns Vergnügen macht, nicht jede Art von Lust meine ich, sondern vermöge des Gehörs (298) und des Gesichtes, das wäre das Schöne; wie würden wir dann wohl kämpfen? Weil doch schöne Menschen, o Hippias, und so auch alle Kunstwerke, Gemälde und Bildnereien wenn sie schön sind uns ergötzen wenn wir sie sehen; so auch schöne Töne, die gesamte Musik und Reden und Dichtungen bewirken eben dasselbe. So daß wenn wir jenem verwegenen Menschen antworten, Teuerster, das Schöne ist das durch Augen und Ohren uns zukommende Angenehme, meinst du nicht daß wir dann seiner Verwegenheit etwas Einhalt tun würden?

Hippias: Mir wenigstens scheint jetzt das Schöne ganz vortrefflich erklärt zu sein, was es ist.

Sokrates: Aber wie? sollen wir sagen daß schöne Handlungsweisen und Einrichtungen, weil sie uns durch Gehör oder Gesicht vergnügen, schön sind, oder daß die unter einen andern Begriff gehören?

Hippias: Vielleicht denkt der Mensch daran gar nicht, Sokrates.

Sokrates: Beim Hunde, Hippias, von dem ist das nicht zu erwarten, vor dem ich mich am meisten scheuen würde, wenn ich albern wäre und mir einbildete etwas zu sagen, da ich doch nichts sagte.

Hippias: Wer ist denn das?

Sokrates: Sokrates der Sohn des Sophroniskos, der mir eben so wenig verstattet etwas ohne daß ich es gründlich erforscht habe oben hin zu sagen, als was ich nicht weiß als wüßte ich es.

Hippias: Mir scheint selbst dieses, nachdem du es gesagt hast, etwas anderes zu sein mit den Gesetzen.

Sokrates: Sachte, Hippias. Denn ich besorge wir sind mit dem Schönen in dieselben schlechten Umstände geraten wie vorher, und glauben nur uns in andern guten zu befinden.

Hippias: Wie meinst du das, Sokrates?

Sokrates: Ich will dir sagen wie es mir vorkommt ob ich vielleicht Recht habe. Denn dieses mit den Handlungsweisen und Gesetzen könnte vielleicht scheinen gar nicht außerhalb der Wahrnehmung zu liegen, die uns durch das Gehör und das Gesicht kommt. Sondern laß uns die Erklärung fest halten, daß das auf diese Weise entstehende angenehme schön sei, ohne etwas von Gesetzen dabei vorzubringen. Aber wenn uns nun sei es dieser, den ich meine, oder irgend ein Anderer fragte, Woher aber, o Hippias und Sokrates, habt Ihr doch von dem Angenehmen überhaupt diese bestimmte Weise des Angenehmen abgesondert, welche euch nun das

Schöne sein soll, was aber durch andere Empfindungen entsteht bei Speise und Trank und der Geschlechtslust und alles andere dieser Art sagt ihr soll nicht schön sein? Sagt ihr denn auch, daß dies nicht angenehm ist, und daß überall keine Lust in dergleichen ist, und überhaupt in nichts anderm als dem Sehen und Hören? Was sollen wir sagen, Hippias?

Hippias: Auf alle Weise müssen wir sagen, daß es auch in diesem andern sehr große Lust gibt.

Sokrates: Warum also, wird er sagen, wenn sie eben so gut Lust sind als jene, beraubt ihr sie dieses Namens, und sprecht (299) ihnen ab daß sie nicht schön sind? – Weil uns, wollen wir sagen, Jedermann ohne Ausnahme auslachen würde, wenn wir sagten, Essen wäre nicht angenehm sondern schön, und Wohlgeruch wäre nicht angenehm sondern schön. Was aber die Liebes Sachen betrifft: so würden Alle dafür streiten, daß diese das allerangenehmste sei, wenn aber jemand dergleichen tut, muß er es doch so tun daß es Niemand sieht, weil es das schändlichste ist dabei gesehen zu werden. – Wenn wir dies sagen, wird er vielleicht sprechen, Ich merke wohl, Hippias, daß ihr euch schon lange schämt zu sagen solche Genüsse wären schön, weil die Menschen es nicht dafür halten; aber ich fragte danach gar nicht, was die meisten Menschen für schön halten, sondern was schön ist. Dann werden wir wohl sagen, meine ich, was wir schon aufgestellt haben, daß wir behaupten, dieser Teil des Angenehmen, welcher durch Gesicht und Gehör entsteht sei das Schöne. Aber weißt du hiemit etwas zu machen, oder sollen wir etwa auch sonst etwas sagen, Hippias?

Hippias: Wir dürfen, wenigstens dem bisherigen gemäß, nichts anderes reden als dieses.

Sokrates: Schön! wird er dann sagen, wenn also das durch Gesicht und Gehör entstehende Angenehme schön ist, so muß das nicht hiezu gehörige Angenehme offenbar nicht schön sein. Wollen wir das zugeben?

Hippias: Ja.

Sokrates: Ist also wohl das dem Gesicht zugehörige Angenehme durch das Gesicht und Gehör zugleich angenehm? oder das dem Gehör zugehörige durch das Gehör und Gesicht zugleich? – Wir werden sagen, keinesweges entstehe ja das, was aus dem Einen entsteht, aus beiden, denn das scheinst du zu sagen; sondern wir sagten, daß jedes einzelne von diesen für sich schön sei und also auch beide. Wollen wir nicht so antworten?

Hippias: Freilich.

Sokrates: Dann wird er sagen, Ist denn ein Angenehmes vom Andern dadurch unterschieden, daß es angenehm ist? Ich frage nicht, ob eine Lust wohl größer oder kleiner, stärker oder schwächer ist als die andere, sondern ob eine eben dadurch von der andern unterschieden ist, daß die eine Lust Lust ist, die andere aber nicht Lust? – Das dünkt uns wohl nicht, nicht wahr?

Hippias: Nein, das dünkt mich freilich nicht.

Sokrates: Also, wird er sagen, habt ihr aus einem andern Grunde als weil sie Lust sind diese Arten der Lust aus den andern herausgehoben, weil ihr etwas an beiden entdeckt habt, was sie unterscheidendes von den übrigen an sich haben, in Beziehung worauf ihr eben sagt, sie wären schön. Denn nicht deshalb ist die durch das Gesicht entstehende Lust schön, weil sie durch das Gesicht entsteht. Denn wenn dies die Ursache wäre, weshalb sie schön ist: so wäre ja die andere aus dem Gehör entstehende nicht schön; denn die ist ja nicht mehr die Lust durch das Gesicht. – Da hast du Recht, werden wir sagen müssen.

Hippias: Das werden wir müssen.

(300) **Sokrates:** Eben so ist auch die Lust durch das Gehör nicht deshalb, weil sie durch das Gehör entsteht, schön; denn sonst wäre die durch das Gesicht nicht schön, weil diese doch nicht mehr die Lust durch das Gehör ist. Sollen wir nun sagen, Hippias, der Mann habe Recht wenn er dies sagt?

Hippias: Gewiß.

Sokrates: Aber beide sind doch schön wie ihr sagt? Denn das sagen wir doch.

Hippias: Ja.

Sokrates: Es ist also etwas einerlei in beiden, was eben macht, daß sie schön sind, dies gemeinsame, was ihnen beiden gemeinschaftlich zukommt und jeder einzelnen für sich. Denn sonst wären sie nicht beide schön, und auch jede einzeln. Antworte mir nun wie jenem.

Hippias: Ich antworte, es dünkt mich auch so zu sein wie du sagst.

Sokrates: Wenn also diesen Arten der Lust beiden etwas zukäme, jeder einzelnen aber nicht: so wären sie vermöge dieser Eigenschaft nicht schön.

Hippias: Wie sollte das aber wohl zugehn, daß keiner von beiden einzeln irgend was es auch sei zukäme, und dann doch eben dasselbe, was keiner von beiden zukommt, beiden zukäme?

Sokrates: Das glaubst du nicht?

Hippias: Ich müßte denn gar nichts verstehn weder von der Natur dieser Dinge, noch von den Ausdrücken unserer jetzigen Reden.

Sokrates: Das kann gern sein, Hippias, und vielleicht bilde ich mir nur ein etwas zu sehn, womit es sich so verhält, wie du erklärst es sei unmöglich, sehe es aber doch wirklich nicht.

Hippias: Nicht nur vielleicht, sondern ganz offenbar mußt du übersichtig sein.

Sokrates: Und doch schwebt mir gar viel dergleichen vor der Seele, aber ich traue ihnen allen zusammen nicht, weil du es nicht auch siehst, der Mann der unter allen jetztlebenden am meisten Geld mit der Weisheit verdient hat, sondern nur ich der ich nie das mindeste verdient habe. Nur besinne ich mich ob du nicht Spott mit mir treibst und mich wissentlich hintergehst, so deutlich und so zahlreich erscheint es mir.

Hippias: Niemand kann ja sicherer erfahren als du, Sokrates, ob ich Scherz treibe oder nicht, wenn du nur versuchen willst zu sagen, was dir denn so erscheint. Denn so wirst du gleich sehen, daß es nichts ist. Denn gewiß wirst du niemals finden, daß was weder mir zukommt noch dir, dieses doch uns beiden zukomme.

Sokrates: Was sagst du, Hippias? Vielleicht hast du recht, und ich verstehe es nur nicht. Höre aber doch deutlicher von mir, was ich sagen will. Denn mir scheint, was mir nicht zukommt zu sein und ich nicht bin, und auch du nicht bist, doch uns beiden zukommen zu können, und anderes wiederum was uns beiden nicht zugeschrieben werden kann, daß wir es wären, jedem Einzelnen zuzukommen.

Hippias: Noch größere Wunder hast du da wieder ausgesprochen, als du nur eben vorher aussprachst. Denn bedenke nur, wenn wir beide gerecht sind, müßte es dann nicht auch jeder von uns beiden sein, oder wenn Jeder von uns ungerecht (301) wäre, wären wir es dann nicht auch beide? oder wenn Beide gesund, dann nicht auch Jeder? oder wenn jeder von uns beiden krank wäre, verwundet, geschlagen, oder was sonst jedem von uns müßte begegnet sein, käme dann nicht auch dasselbe uns beiden zu? Eben so wenn wir beide golden wären oder silbern oder elfenbeinern, oder wenn du willst edel weise geehrt alt jung oder was du sonst willst was Menschen sein können, wenn wir das beide wären, ist nicht ganz notwendig, daß auch jeder von uns es sein müßte?

Sokrates: Allerdings freilich.

Hippias: Aber niemals, Sokrates, siehst du auf das Ganze, und eben so wenig die mit denen du zu reden gewohnt bist, sondern ihr nehmt euch das Schöne und so auch jedes andere um daran zu klopfen besonders in euren Reden und zerlegt es. Darum entgehn euch ganz große Hauptstücke in dem Wesen der Dinge. Und jetzt bist du so unbedacht gewesen, daß du meinst es könne irgend eine Beschaffenheit oder Eigenschaft geben, die zwei Dingen zusammen wohl zukomme, jedem einzelnen aber nicht, oder wiederum jedem einzelnen zwar von zweien, beiden zusammen aber nicht. So unnachdenklich und unüberlegt und einfältig und unverständig seid ihr.

Sokrates: So müssen wir uns behelfen, o Hippias, wie die Leute im Sprichwort zu sagen pflegen, nicht wie einer will, sondern wie er kann. Aber du besserst uns jedesmal um vieles, wenn du uns zurechtweisest. So auch jetzt, soll ich dir noch deutlicher zeigen, wie einfältig wir waren, ehe du uns zurechtgewiesen hast, indem ich dir sage was wir über die Sache denken; oder soll ich es dir nicht sagen?

Hippias: Neues wirst du mir freilich nicht sagen, Sokrates. Denn ich weiß schon von Allen die sich mit Reden abgeben, wie es mit ihnen steht. Wenn es dir aber lieber ist, so sage es nur.

Sokrates: Lieber ist es mir freilich. Wir nämlich, Bester, waren, ehe du uns das gesagt hattest, so weit zurück, daß wir in der Meinung standen von mir und dir zum Beispiel, daß jeder von uns beiden Einer wäre, und daß dieses, was jeder von uns wäre, beide zusammen nicht wären; denn so wären wir nicht Einer sondern Zwei, so einfältig waren wir. Nun aber sind wir von dir belehrt, daß wenn wir Beide Zwei sind, auch Jeder von uns Beiden Zwei sein muß, und wiederum wenn Jeder von uns Beiden Einer ist, auch notwendig Beide nur Einer sind. Denn nach den Hauptstücken vom Wesen der Dinge, wie Hippias sagt, kann es sich unmöglich anders verhalten, sondern was Beide sind das ist auch jeder von beiden, und was jeder das sind auch beide. Davon bin ich also jetzt durch dich überzeugt, und sitze hier. Nur das zeige mir noch zuvor, Hippias, ob wir beide ich und du nur Einer sind, oder ob du Zwei bist und ich auch Zwei?

Hippias: Was meinst du nur, Sokrates?

(302) **Sokrates:** Eben dieses was ich sage. Denn ich fürchte mich vor dir deutlich zu reden, weil du mir böse bist, da du Recht zu haben glaubtest. Aber doch sage mir das noch, ist nicht jeder von uns Einer und hat dies wirklich an sich, Einer zu sein?

Hippias: Freilich.

Sokrates: Und nicht wahr, wenn Einer, so ist auch jeder von uns ungrade? Oder hältst du Eins nicht für ungrade?

Hippias: Ich gewiß.

Sokrates: Sind wir also auch beide zusammen ungerade, da wir doch zwei sind?

Hippias: Unmöglich, Sokrates.

Sokrates: Sondern gerade sind wir beide. Nicht wahr?

Hippias: Freilich.

Sokrates: Ist nun etwa weil wir beide gerade sind deshalb auch Jeder von uns beiden gerade?

Hippias: Wohl nicht.

Sokrates: Also ist es wohl nicht ganz notwendig, wie du doch eben sagtest, daß was beide sind auch jeder Einzelne, und was jeder Einzelne auch beide sein müssen.

Hippias: In solchen Dingen nicht, aber in allem was ich anführte.

Sokrates: Das ist mir genug, Hippias. Denn ich bin auch mit diesen Dingen schon zufrieden, wenn nur einiges sich so zu verhalten scheint, anderes aber auch nicht. Denn ich sagte ja selbst, wenn du dich noch erinnerst, woher uns diese Rede gekommen ist, daß die Lust durch das Gesicht und durch das Gehör nicht vermöge desjenigen schön sein könnten, was jeder von beiden zwar zukäme, beiden zusammen aber nicht, noch auch vermöge dessen; was beide zusammen zwar wären, jede einzeln aber nicht, sondern vermöge dessen was beiden zusammen und auch jeder einzeln zukäme, weil du doch zugabst, daß sie beide schön wären und auch jede einzeln. Darum meinte ich, daß sie vermöge des ihnen beiderseits einwohnenden Wesens schön wären, da sie doch beide schön sein sollen, nicht aber vermöge des einer von ihnen fehlenden; und das glaube ich auch noch. Also sage mir wie von Anfang, wenn die Lust durch das Gesicht und die durch das Gehör beide schön sind und auch jede, muß nicht das was sie schön macht beiden gemeinschaftlich einwohnen und auch jeder?

Hippias: Freilich.

Sokrates: Können sie nun etwa deshalb schön sein, weil beide und auch jede einzeln Lust sind? oder müßten nicht alsdann die übrigen alle eben so gut schön sein als diese? Denn für Lust erkannten wir sie doch eben so sehr wenn du dich erinnerst.

Hippias: Ich erinnere mich.

Sokrates: Sondern weil sie durch das Gesicht und durch das Gehör kommen, deshalb ward gesagt wären sie schön.

Hippias: Das wurde gesagt.

Sokrates: So überlege denn ob ich Recht habe. Wir sagten nämlich, wie ich in Gedanken habe, dieses wäre schön, nicht alles Angenehme, sondern was durch das Gesicht und durch das Gehör käme.

Hippias: Richtig.

Sokrates: Ist nun dies nicht etwas was beiden gemeinschaftlich zukommt, jeder von beiden aber nicht? Denn wie wir auch schon vorher sagten, jede von beiden entsteht doch nicht aus beiden, sondern beide aus beiden, jede von beiden aber nicht. Ist es nicht so?

Hippias: So ist es.

Sokrates: Nicht also dadurch ist doch jede von beiden schön, was nicht auch jeder von beiden zukommt. Die Entstehung (303) aus beiden kommt aber nicht jeder für sich zu. So daß man von dieser Erklärung aus zwar sagen darf daß beide zusammen schön sind, daß aber jede von beiden, darf man nicht. Oder was sollen wir sagen? folgt das nicht?

Hippias: Es scheint wohl.

Sokrates: Sollen wir also sagen beide zusammen seien zwar schön, jede von beiden aber nicht?

Hippias: Was hindert uns?

Sokrates: Dieses dünkt mich wird uns hindern, Lieber, weil es einiges gab was den Dingen so zukommt, daß wenn es beiden zukommt, es auch jedem einzelnen zukommen muß, und wenn jedem einzeln, auch beiden, alles nämlich was du anführtest. Nicht wahr?

Hippias: Ja.

Sokrates: Was ich aber anführte damit verhielt es sich nicht so, wozu eben dieses das einzeln und beides selbst auch gehörte. Ist es so?

Hippias: So ist es.

Sokrates: Zu welchem von beiden, o Hippias, dünkt dich nun das Schöne zu gehören? Zu denen welche du anführtest, wie wenn ich und du stark sind wir es auch beide sind, und wenn ich und du gerecht, auch beide, und wenn beide, dann auch jeder einzeln, ist es so auch wenn ich und du jeder schön sind, daß wir es dann auch beide sind, und wenn beide, dann auch jeder von beiden? oder hindert nichts, daß sowie wenn zwei Dinge zusammen gerade sind doch jedes von ihnen sowohl ungerade sein kann als gerade, und wenn von zwei Dingen jedes einzeln unbestimmbar ist, doch beide zusammen sowohl bestimmbar sein können als auch ebenfalls unbestimmbar, und viel anderes dergleichen was mir wie ich dir sagte vorschwebte. Zu welchen von beiden willst du nun das Schöne rechnen? Kommt es dir etwa eben so vor wie mir? Denn mir scheint es sehr unvernünftig, daß wir beide sollten schön sein können und doch jeder von uns einzeln nicht, oder jeder von uns einzeln wohl, beide zusammen aber nicht. Wählst du also dieselbe Seite wie ich oder die andere?

Hippias: Ich gewiß dieselbe, Sokrates.

Sokrates: Daran tust du sehr wohl, damit wir noch von einer weiteren Untersuchung los kommen. Denn wenn das Schöne zu diesen Dingen gehört, so kann nicht das durch Auge und Ohr kommende Angenehme schön sein. Denn dieses durch Auge und Ohr macht nur beides schön, jedes für sich aber nicht. Dies war aber unmöglich wie wir beide übereingekommen sind, Hippias.

Hippias: Darin sind wir übereingekommen.

Sokrates: Unmöglich also ist das durch Auge und Ohr kommende Angenehme schön, weil wenn dies schön sein soll, etwas unmögliches folgt.

Hippias: So ist es.

Sokrates: So sagt denn, wird er sprechen, noch einmal von Anfang, weil ihr doch dies verfehlt habt, was behauptet ihr denn daß dieses schöne sei in den beiden Arten der Lust, weshalb ihr diese vor andern ehret und sie schön nennt? – Mich dünkt, Hippias, wir müssen sagen, daß sie die unschädlichsten und besten Arten der Lust sind, sowohl beide als jede für sich. Oder weißt du etwas anderes zu sagen wodurch sie sich von den übrigen unterscheiden?

Hippias: Gar nicht, denn sie sind in der Tat die Besten.

Sokrates: Das also, wird er sprechen, sagt ihr sei das Schöne, die nützliche Lust? – So scheint es, würde ich sagen. Und du?

Hippias: Auch ich.

Sokrates: Aber das Nützliche wird er sagen ist das Gutes bewirkende, und das bewirkende und bewirkte hatte sich uns als verschieden gezeigt, und so kommt uns die Rede wieder auf die vorige zurück. Denn weder das Gute kann schön sein (304) noch das Schöne gut, wenn jedes von ihnen etwas anderes ist. – Das werden wir auf alle Weise zugeben müssen, Hippias, wenn wir vernünftig sind. Denn es ist unerlaubt was einer richtig sagt ihm nicht einzuräumen.

Hippias: Aber Sokrates, was soll doch dies alles sein? Das sind ja nur Brocken und Schnitzel von Reden wie ich schon vorher sagte, ganz ins kleine zerpflückt. Aber das ist sowohl schön als viel wert, wenn man im Stande ist eine ganze Rede gut und schön vorzutragen vor Gericht oder im Rat oder vor einer andern öffentlichen Gewalt an welche die Rede sich wendet, und diese so zu überreden, daß man zuletzt nicht etwa unbedeutende, sondern die höchsten Preise davon trägt, nämlich Sicherheit für sich selbst und für sein Eigentum und seine Freunde. Darauf mußt du dich legen, und diese Kleinigkeiten fahren lassen, damit du dich nicht allzu unverständig ausnimmst, wenn du dich wie jetzt immer mit Possen und leerem Geschwätz abgibst.

Sokrates: Ja, lieber Hippias, du bist freilich glücklicher dran, daß du nicht nur weißt worauf ein Mensch Fleiß wenden soll, sondern auch schon Fleiß genug darauf gewendet hast wie du sagst. Mich aber wie es scheint hat ein böses höheres Geschick in seiner Gewalt, so daß ich immer irre und immer verlegen bin, und wenn ich meine Verlegenheit Euch Weisen zeige, wieder von euch mit Worten gemißhandelt werde, wenn ich sie euch gezeigt habe. Denn ihr sagt mir immer, was du mir auch jetzt sagst, daß ich mich mit albernen geringfügigen nichts werten Dingen abgebe. Wenn ich aber von euch überzeugt dasselbe sage wie ihr, daß es bei weitem vortrefflicher ist, wenn man versteht eine gut und schön gesetzte Rede vorzutragen vor Gericht oder sonst einer öffentlichen Versammlung: so habe ich wiederum von einigen Andern hier, vorzüglich aber von diesem Menschen der mich immer züchtiget alles Üble zu hören. Denn er ist mir gar nahe verwandt und wohnt mit mir zusammen. Wenn ich nun zu mir zu Hause komme, und er hört mich so sprechen; so fragt er mich, ob ich mich denn nicht schäme, davon was man schönes lernen und treiben soll zu reden, der ich so offenbar überwiesen worden bin, daß ich eben dieses das Schöne gar nicht einmal weiß was es ist. Wie willst du also wohl wissen, spricht er, ob jemand eine Rede schön ausgeführt hat oder nicht, oder irgend eine andere Handlung, der du von dem Schönen selbst nichts weißt? Und wenn es so um dich steht, meinst du daß es dir besser sei zu leben als tot zu sein? So geht es mir also, wie gesagt, von euch werde ich gescholten und geschimpft, und von jenem auch. Aber ich werde wohl eben das alles ertragen müssen, und es wäre auch nicht so schrecklich, wenn es mir nur nützte. Ich nun, Hippias, glaube allerdings Nutzen zu haben von euer beider Umgang. Was wenigstens das Sprichwort meint, daß das Schöne schwer ist, das glaube ich nun zu verstehen.